新·愛的教育

戴晨志 著

幾米 繪圖

倪美英 老師
故事提供

晨星出版

contens

Part 1

用愛，點燃孩子的心燈

Part 2

打他罵他，不如先了解他

Part 3

愛的溫馨，是用腦也用心

Part 4 用愛的今天，點亮孩子的明天

Part 5

讓管教在創意裡「輕鬆化」

《自序》愛，就是真心地給予與對待

戴晨志

有一個男大學生說，他在單親家庭長大，念國中時很不愛念書，成績很不好，也很叛逆，經常沉迷於網咖打電動遊戲。

一天，下了課他還是老樣子，跟父親說去老師家補習，然後就跑到網咖打電動，一直打到晚上十點多……

父親看他這麼晚了，還沒有回家，就打電話到老師家找去補習的孩子；可是，老師說：「我沒有補習啊！」此時，父親氣死了，也急死了。

後來，老師騎著腳踏車，終於在網咖找到這正在打電動的男生。晚上十一點多了，這男生低著頭，跟老師走出網咖。此時，老師並沒有罵他，只對他說：

「我這輩子當老師，我一直有個信念，就是『絕對不放棄任何一個學生』；你是我教的學生，我也絕對不會放棄你……你趕快回家吧，你爸爸正在家裡著急地等著你……」

這男生看著已經長出白髮的中年老師，騎著腳踏車在黑暗的路上離去！而他，從此改變自己，好好念書，也考上大學，希望以後也能當一位好老師，更期待自己——「絕不放棄任何一個行為偏差的學生。」

◎

另有一名高中男生，家境十分貧窮，母親是幫傭，父親是臨時工人，家中還有弟妹。

有一天，父親積勞成疾，因病過世了。家境貧寒的他，只是個高中生，根本不知如何籌措父親的喪葬費？

過了兩天，班上導師來到他家，拿了一個信封袋給他，跟他說：「這是老師給你的錢，你要趕快幫你父親辦理後事……這五萬元，是老師給你的，不是借你的，你拿去用，以後絕對不能還給我……絕對不能還給我……」

這男生看著導師，雙手捧著五萬元信封袋，紅著眼眶，眼淚也掉了下來。

導師又對他說：「以後你如果有經濟能力，你可以把你的愛，拿去幫助其他更需要的人！」

如今，這男高中生也大學畢業了！當他在課堂上講述這段往事時，感動得泣不成聲；他感念高中導師對他的愛——**「一個真心、真情、不求回報的真愛。」**而直到現在，他和導師還保持聯繫，經常回家鄉探望高中時的導師。

◎

上述兩則小故事，是本書故事提供者「倪美英老師」，在演講課堂上，聽上課學員所講的真實故事。

其中一位鄉下的國中老師，用真摯的愛，也秉持「絕不放棄任何一個學生」的信念，把學生從沉溺於網咖中，「拉了回來、愛了回來！」

另一位高中導師，在貧窮的學生家中遭遇父喪時，拿出了他約一個月的薪水，作為孩子父親的喪葬費，也成為孩子無助時的依靠與浮木；而這導師不要求回報，再三地交代——「這筆錢，你絕對不能還給我喔……」

莎士比亞曾說：「**愛，不是用眼睛去看，而是用心去行動。**」

其實，「**愛，就是真心地給予與對待。**」

每一個老師，對孩子真心地教導、無私地付出，讓孩子改過向善，而讓孩子感激一輩子，那是多麼美麗、感人的一幅畫啊！

所以，「**愛、自信與感恩，是父母與老師送給孩子最好的禮物。**」

「孩子都是人才，用心去愛他，都會有好將來！」

◎

本書《新愛的教育》，曾由時報文化公司出版，後來，由核心出版公司改名為《愛的日記簿》。如今，晨星出版社又再重新編輯、設計，書中插圖也獲得知名插畫家幾米先生重新授權，希望將本書中「愛的教育」美好、感人的故事，不斷在海內外廣傳、散佈。

（註：在書中所有故事的人名，為保護當事人，皆以「假名」代之，如有雷同，純屬巧合。）

愛的教育，美的回憶！

倪美英老師

國立師範大學國文系畢業
國立嘉義大學國民教育研究所畢業
曾榮獲高雄市「愛心教師」表揚
曾榮獲南投縣「優良教師獎」
曾任教於台北縣、高雄市、南投市等各地國小教師
現已退休，不斷受邀在全台各學校、機關團體演講

我很喜歡撫摸小朋友的頭、輕觸小朋友的臉龐、讀小朋友的眼睛，並牽牽他們的小手，一起快樂地體驗生命的每一天！

年輕時，由於沒有教學經驗，也不懂好的方法，所以我曾用老師的權威與教鞭，來嚴格管教學生，以致傷害了一些孩子的心，回想起來真是慚愧不已！

後來，我試著調整自己的心，也為孩子多付出一些關心與真心；我嘗試以「父母的愛心，對待每個小朋友」——不嚴苛地打罵孩子，而是盡可能地對孩子多讚美、鼓勵，也多付出一份「真心的愛」……

◎

在此，我想感謝戴晨志博士，他以生花妙筆，將我過往教學的點點滴滴，寫成一篇篇精彩、感人的故事，更以他專業的知識，為故事增加了許多學理和啟示。說真的，我從「戴老師小講台」中，著實有更多的學習和感動。

我深信——有「愛」的教育，才有「美」的回憶！

Part I

用愛，點燃孩子的心燈

讓孩子的生命亮點「更加明亮」！

一碗稀飯的故事

每個孩子都希望能夠——
「被看重、被接納、被肯定」；
只要我們有慧眼、肯用心，
就可以將駑馬變成「千里馬」；
只要老師有耐心、有愛心，
頑劣的孩子也可能變成「鑽石和珍珠」啊！

長久以來，金城的爸媽都在都市裡工作，感情不好，也很少回來南投看金城這獨子。唸四年級的金城就和阿嬤住在一起，相依為命。

也因沒有父母教導，金城變成一個頑劣的小孩，在學校裡，常欺負同學；放學時，路邊撿到樹枝，就往人家院子裡丟；有時甚至撿石頭，莫名其妙地對小朋友亂扔。一天，有個老阿嬤帶著孫子來向我告狀，說金城又拿石頭丟她小孫子……

說真的，我很頭痛，金城沒有父母同住，行為是如此頑劣、乖張，我也講過他好幾次，但都沒用，他還是我行我素。

不過，金城的體育很棒，賽跑都是「第一名」；相反地，我的小兒子手腳不靈光，賽跑都是「最後一名」，所以我靈機一動，就對金城說：「金城，你賽跑那麼棒，你來當老師兒子的『賽跑老師』好不好？」

金城很高興地說「好—」！可是我那才唸一年級的兒子十分害羞，不肯學賽跑！不過，金城天天很有耐心地，自己跑操場、示範給我兒子看；跑了六、七遍之後，我兒子才肯和金城手牽手、學習慢跑。

一天，金城發高燒，兩天沒來學校上課。

中午，我到菜市場買了一些蘋果，再到金城家探望他。金城和阿嬤住在一個又黑又暗的屋子裡，他的小床，就擺在客廳的角落，沒有窗戶，沒有亮光。

全身發高燒、躺在客廳小床的金城，一看到我，就開始掉眼淚；而年老的阿嬤也難過地在一旁說：「這囝仔發燒成這樣，我也不知要怎麼辦？他爸媽已經半年多沒回來看他了……」

我從來沒看金城哭泣過，以前他都是頑劣不冥地向人扔樹枝、丟石頭。可是，這孩子，爸媽似乎已經不要他了；他躺在床上，孤伶伶地，把一張哭泣流淚的臉，轉向陰暗的牆壁。

我靠近金城，蹲下來，摸摸他的額頭，拭去他的眼淚，也用涼的溼毛巾擦擦他的臉，並把蘋果放在他的床頭。看著金城，我突然覺得，他不是頑劣、不聽話的壞小孩；他，只是缺乏「爸媽的愛」的可憐小孩啊！

此時，我撫摸著金城的頭，看著他的淚，嘴巴也哼唱著「兒歌」——

「藤搖籃，竹搖籃，好像一隻小小的船；小寶寶，閉上眼，快快坐船出去玩！飄大洋，過大海，不用槳來不用划；小寶寶，閉上眼，快快坐船出去玩……」

藤搖籃，竹搖籃，好像一隻小小的船；
小寶寶，閉上眼，快快坐船出去玩！

不久，咱們南投發生了「九二一大地震」，學校附近也是極為嚴重的災區，房屋倒了，到處斷垣殘壁，沒水沒電、電話不通，大家都不敢住在高樓，紛紛跑到空地住帳篷。我和家人，晚上也捨六樓住家（還好大樓未倒），暫住在我教室裡。

那時，學校停課，災區一片殘破、荒亂的景象，我們白天也都到處當志工；說真的，班上是不是有小朋友在地震中罹難，我真的不知道！可是，當我偶爾回家時，我聽到電話答錄機中，有一個聲音，打了好幾次來問：「老師，妳好嗎？……我騎腳踏車到處找妳，都找不到妳……老師，妳好嗎？……」

那，是金城的聲音──多麼可愛、多麼溫暖的聲音！

兩天後，金城騎腳踏車到學校來，意外發現我住在教室裡，他好高興；他看我在教室沒有水，就立刻回家，在路邊排隊、要水，然後抬了一大桶水來教室給我。

隔天，當我清晨六點醒來，發現教室外的窗台上，放著一大碗「熱騰騰的稀飯」；正當我查看是誰放了這碗稀飯時，只見一人影遠遠從辦公室的角落閃過。我沒看見他的臉，但我真心收下他的好意——吃下一碗「熱騰騰的稀飯」！

翌日，清晨一起床，開門，教室外又是一碗「熱騰騰的稀飯」！

這次，他不巧被我撞見了，是金城，跟我心中猜想的人一樣！於是我問他：「金城，這稀飯是你拿來的嗎？」

金城點點頭。

我又問：「那稀飯是哪裡來的？」

金城不好意思、羞怯地說：「老師……是我……早上五點多去跟人家排隊，要來的！」

此時，我的眼眶頓時紅了起來！

孩子，謝謝你，真的謝謝你一大早起床、跟人家去排長長的隊，把一大碗「熱騰騰、充滿愛的稀飯」送來給老師！

這，淡淡的菜稀飯——是我一生中所吃過「最香、最好吃」的稀飯！

戴老師小講台

唐朝有個百丈禪師，在一個很冷的天氣裡，叫他的徒弟撥撥看爐中是否還有火？徒弟輕輕撥了一下，說：「師父，看不見火，沒有火了！」於是百丈禪師就親自用鐵條深深一撥，發現爐中還有零星的火種，就指給徒弟看：「你看，這不是火嗎？」

的確，人也是一樣，只要「深深一撥」，就可發現火種——心靈深處的火種——它，依然可以慢慢地「發光、發熱、綻放光芒」！

教育心理學中，有所謂的「亮點治療」，亦即每個孩子、每個人都有其「生命的亮點」；老師和父母，都必須盡量發覺其「亮點」，並藉此鼓勵他、讚美他、給他表現的機會，也讓他的生命亮點「更加明亮」。

◎

所以，在本篇故事中，一直被視為壞孩子、頑劣不堪的金城，一定覺得倪老師「像個天使」，居然能讓他當「賽跑老師」，也在他生病、無助、難過時，來看他、送他蘋果、替他擦眼淚、唱兒歌給他聽……

其實，教育，不就是在「點燃孩子的心燈」、「點亮孩子的希望」嗎？愛的教育，並不在要求對方「立即改變」；愛，是需要投資的，我們需要投資「關心、耐心與信心」，讓孩子看到自己的「亮」與「能」。

因此，每個孩子、每個人都希望「被看重、被接納、被肯定」；只要我們有慧眼，就可以將駑馬變成「千里馬」；只要老師有耐心、有愛心，頑劣的孩子也可能變成「鑽石」和「珍珠」啊！

啟示

- 人與人的溝通是互惠的，只要「打動他、感動他、Touch他」，他就會「謝謝你、感恩你、回報你！」
- 沒有一件事情不是練習而來；老師對學生的「愛和鼓勵」，也是需要不斷地練習的！

老師的用心，孩子看得見！

「一輪明月」照我心

「老師，妳不知道啦，
妳不要被他騙了，
他是出了名的雙面人！
他在學校好像很乖，
可是妳不知道，
他在家裡有多壞，常常偷錢……」

紹祥是個很乖的小孩，四年級，很懂事，在教室裡常幫我做很多事；放學時，也陪我鎖教室的門，替我牽腳踏車，一起回家。而且，他的毛筆字寫得很好，所以他常常寫些小詩、春聯，偷偷地放在我的桌上送給我。

說真的，我很疼愛紹祥這個「善解人意」的小男孩，也常用「笑咪咪的臉、柔柔的眼光」對待他。可是，一天早晨，紹祥的媽媽氣急敗壞地跑到學校來，告訴我說：「紹祥又偷錢了，這次偷的是兩千元！」

「不會吧！」我不太相信地說：「紹祥這孩子很乖巧、聽話，怎麼會偷錢？」

「老師，妳不知道啦，妳不要被他騙了，他是出了名的雙面人！他在學校好像很乖，可是妳不知道，他在家裡有多壞，常常偷錢！他爸爸天天打他、罵他，可是他偷錢的壞習慣一直沒改！」紹祥的媽媽怒氣未消地大聲說道。

「他什麼時候開始會偷東西呢？」我問。

「從幼稚園開始就會啦！」

「可是，我教他一年多了，班上從來沒有人掉過錢或掉過東西啊！」

「他就是喜歡妳，所以才不敢在妳面前做壞事啊！」

「可是，這麼好的孩子，為什麼非偷錢不可呢？他在家裡，是不是心中有什麼痛苦、陰影或悲傷呢？」

當我這麼一問，紹祥的媽媽眼眶馬上紅了，也哭了起來。她說：「我連生三個女兒，最後才生紹祥這個男生。可是他爸爸覺得兒子『不打不成器』，一定要嚴格管教，才能『棒下出孝子』，所以只要紹祥一做錯什麼，他爸爸就很兇地打他、打得很厲害，有時連我也被打……」

紹祥的媽媽低泣地說：「紹祥……他只要前一天被他爸爸打，隔天，他就一定會偷家裡的錢，真的很壞！」

看著哭泣的媽媽，我心裡一陣難過。事實上，紹祥的本性很好，只是在他的心裡，有一處「很痛苦、陰暗的角落」，我想，我必須帶一盞燈過去，把他照亮才好！

回到教室上課時，我說一個故事給孩子們聽——

從前，有個老禪師，一個人在山上修行。一天晚上，他散完步後，走回屋裡，赫然發現有個小偷正潛入屋內偷東西；這老禪師知道，屋裡沒啥東西好偷，這小偷將「一無所獲」，所以就脫下外袍，站在門口等著。

倉皇中，小偷看到門外的老禪師，嚇了一跳；當他想逃走時，只見老禪師將手上的外袍披在他身上，輕輕說道：「沒有什麼東西好送給你，這件袍子，你就披著吧！山上夜裡天氣很涼，你自己一路要小心哦……」

小偷不知所措地離去時，老禪師望了天上皎潔、明亮的月亮，感慨地說道：「唉，真想把『一輪明月』也一起送給他！」

這句話，那小偷聽到了，但，他頭也不回、加快腳步地逃走了。

隔天清晨，天亮了，老禪師打開門，驚然發現，他披在小偷身上的外袍，已經摺疊整齊、恭敬地放在門口。

老禪師很愉快地說：「真高興啊！終於把『一輪明月』送給他了！」

故事說完了，全班小朋友一片靜謐。

我問小朋友：「為什麼老禪師會這麼說——『終於把一輪明月送給小偷了呢』？」

小朋友們你看我，我看你，沒有人回答。此時，我將眼光移到紹祥的身上，我看著他，也期待著他。我相信，他這麼聰明的小孩，一定會聽得懂！

當我的眼光與紹祥交會片刻後，他，懂得我的心；他舉手站起來說道：「**老師，老禪師說，他終於把『一輪明月』送給小偷，是說小偷很慚愧，可是，他的心，已經像一輪明月一樣，很乾淨、很潔白，以後再也不會偷東西了！**」

紹祥說完，我倆目光再次對望，他的眼中閃著淚光；而我，也掉下了眼淚！

現在，紹祥長大了，書法寫得極好，他每年春節前，都會親自書寫春聯送給我；而我，總是將這些春聯貼在門上，也時時刻刻記得——他「一輪明月」的心與鏡！

他的心，已經像一輪明月一樣，很乾淨、很潔白，
以後再也不會偷東西了！

戴老師小講台

有一匹馬從馬廄裡脫逃了，主人非常地焦急，到處打聽詢問，看看是否有人見到了他心愛的馬？可是，不管主人再怎麼描述該馬的顏色、形貌、習性，仍然沒有人知道馬兒跑哪裡去了？

正當馬的主人垂頭喪氣地站在路旁、不知怎麼辦時，剛好有一個獵人經過；獵人問明原因後，便告訴馬的主人：「或許你可以改變你的問話方式，你就可以比較容易找到馬。」

馬主人想了想之後，知道了，就向附近的農夫問道：「請問，哪裡有溪流？怎麼走法？」也向樵夫問說：「請問，哪裡有山丘，可以登高望遠？」於是，馬主人就循著別人的指引，爬上了山丘，從高處俯瞰溪流，終於看到了自己心愛的馬匹，已跑得又渴又累，正駐足在溪邊喝水、休息。

◎

這故事告訴我們，人都有一貫的「思維模式」，也常被過去的想法所「制約」；但我們也可以打破以往的思考和觀念，讓自己在溝通的方式上，有新的嘗試和突破。

就像本文「一輪明月」的故事一樣——**倪老師在遇到孩子犯錯時，並沒有立即「拆穿、點破」，或公開指責孩子、讓孩子難堪；相反地，她用「委婉、比喻」的方式，來保留孩子的面子，也維護孩子的「自尊」。**

「老師的用心，孩子看得見！」倪老師不露痕跡的暗示，讓孩子知道過錯，並誠心改過；這，豈不是「愛的教育無比之美」嗎？這亦即古人「**揚善於公堂、規過於私室**」的道理。

啟示

✚ 我們可以試著做「引導者」，而不要做「強勢指導者」或「命令者」。因為有創意、有耐心、循循善誘的引導，比嚴詞教訓或命令，更有助於孩子們的自我成長。

✚ 我們也可以學習——容許別人有犯錯的空間，不必當眾「羞辱他」或「撕破臉」；畢竟，有「弦月之憾」，才有「滿月之美」呀！

愛，要「有方法、有智慧」

嚴格，也是一種慈悲

我摸摸他的腳，也摸摸他的手；
他，竟是那麼冰冷，
始終動也不動地躺著。
我最親愛的孩子啊，
你怎麼不看老師一眼，
也不回答老師一句話呀……

在教學中，有時會教到一些長得很俊帥、很可愛或很漂亮的小朋友，而我也會有些偏心地喜歡他們。李凱，就是這樣的小孩，他很帥，大大的眼睛、雙眼皮，天真又可愛；可是他卻也很頑皮，喜歡「騎快車」——上學時，故意快騎腳踏車，並從後面抓班上同學玉梅的頭髮。

每次玉梅被李凱欺負時，總是氣得跺腳，並大罵「幹×娘」的髒話。玉梅，很髒，常不洗臉、不洗頭，也長頭蝨，脖子上的污垢像是「一條黑蛇」，每次經過她身旁，都會聞到很難聞的異味；而她的功課經常沒寫完，臉上也從不帶笑容。

一般來說，很少有小女生會罵「粗魯低俗的髒話」，偏偏玉梅一被李凱譏笑、欺負，就會尖叫、大罵髒話，所以我也不知道該如何對她好，甚至常在同學面前指責她。相反地，每當李凱「騎快車」或「欺負玉梅」時，我只是輕聲細語、笑笑地對他說：「李凱，你騎車要慢慢騎，不要欺負女生哦！」真的，我總是不忍心大聲地斥責可愛、俊美的李凱，也常對他網開一面。

一天，同學們都在操場上體育課，我懷孕、大著肚子，坐在教室裡批改作業；玉梅則因身體不舒服，也坐在教室裡。當我不經意抬頭時，與玉梅四目相接，她突然說：「老師，等妳生了小寶寶，我媽說她要幫妳帶小孩！」

「妳媽媽在做什麼？」我問。

「我媽媽在幫很多人家裡打掃房間，也在大樓洗樓梯，她說她可以幫妳帶小孩！」一臉髒兮兮、頭髮油膩膩的玉梅回答我。

「那妳爸爸呢？」

「我爸爸整天都在喝酒，因為我媽生了六個小孩都是女生，我爸爸每天都罵我媽『只會生些賠錢貨』！所以他每天都喝酒、罵人，也打我媽、打我們小孩子！」

玉梅又說，她是老大，一回到家、放下書包，就必須幫忙照顧妹妹們，也要洗米、煮飯、處理家事；她，總是忙得很累，也沒時間洗臉、洗頭、寫功課……

我一聽，一陣難過湧上心頭，也突然覺得——**「每個老師眼中的『壞孩子』，他們背後，可能都有別人不知道的苦楚與心酸！」**

後來，我放下批改作業的筆，帶著玉梅到洗手台，幫她洗頭、洗臉，也教她刷牙。

不久，她的牙齒變白了，臉變乾淨了，用吹風機吹乾頭髮後，頭髮也不再油膩惡臭了。

梳完頭髮，我又拿了鏡子給她看，她突然——笑了！真的，在我印象中，這是她第一次笑！而且笑得很燦爛、很漂亮！

從那天開始，玉梅開始「喜歡自己」，每天也都洗完臉才來上學。

兩、三星期後，課外活動，我叫小朋友練習跳繩，玉梅興高采烈、自告奮勇地說：「我會、我會、我會！」於是她當著同學的面、拿起跳繩，大方地表演。天哪，她居然「前跳、後跳、交叉跳、花式跳……」都跳得那麼棒！一跳完，全班小朋友也都不吝嗇地給她如雷的掌聲。

我想，那是玉梅小學生涯中，第一次接受「如此豐盛的喝采」，因她的學業成績始終都是「最後一名」；然而，當她跳完繩，抬起頭，甩了一下頭髮，她的眼睛竟變得好亮、好美，好有自信！

就這樣，我發現了玉梅在體育方面的長處，也鼓勵她加入了「田徑校隊」。而在升學國中時，更是大爆冷門，全班只有玉梅一人進入「資優班」——考上高雄一國中

他上學時，常故意騎快車，
從後面捉弄女同學……

的「體育資優班」。

十多年後，我與孩子們有機會於同學會中，再次相遇。

那天，我搭車到高雄，亭亭玉立的玉梅到火車站來接我。一見面，玉梅就說：「倪老師，今天同學會，來了十多位同學，大家都在高醫的加護病房！」

「為什麼？」我大吃了一驚。

「因為李凱出了車禍，他去跟人家飆車，撞成重傷，現在正躺在醫院裡，一直昏迷不醒，我們大家都到醫院去看他。」玉梅心情沉重地告訴我。

到了高雄醫學院的加護病房，我穿上「消毒衣」進入，看到同學們都已經站在裡面。而李凱，他躺在病床上，戴著氧氣罩，頭與臉部已經嚴重扭曲、變形、浮腫……全身也佈滿插管；一旁的心電圖則顯示，他的生命跡象十分微弱。

醫生說，李凱已經快不行了！他被撞後到現在，都沒有醒來過；不過，我們可以多跟他講講話。這時，我摸摸李凱的腳，也摸摸他的手……他，竟是那麼冰冷！我和同學們不斷地叫他：「李凱、李凱、李凱……」可是，他始終動也不動地躺著。

我的眼淚不聽話地流了下來！李凱、李凱……小時候，我那最可愛、最漂亮的李凱到哪裡去了？……你知道嗎，老師一直記得你小時候俊帥的臉龐呀！可是，你現在……怎麼動都不動，不看老師一眼，也不回答老師一句話呀！

此時，玉梅站在我身旁，拉拉我的手，對我說：「老師，妳跟他說嘛，妳跟他說『妳以前常對他說的那句話嘛』！」

我怔了幾秒，知道了。……我握住李凱的手，彎著身，靠近他的耳朵，清晰地對他說：「李凱——你騎車——要慢慢騎——要慢慢騎哦！」

話一講完，李凱的眼眶頓時溼紅了起來，心電圖的曲線也起了變化。雖然，他仍舊戴著氧氣罩，一動也不動，但是，他的眼淚，竟從眼角流了下來……

那天夜裡，李凱走了，動也不動地走了。

而他俊帥的臉龐、頑皮地騎著快車以及扭曲浮腫的眼角滴下淚水的情景……卻是我心中「永遠的悲痛」。

戴老師小講台

法國文學家盧梭曾說：「你知道用什麼方法可以使你的孩子成為『不幸的人』嗎？就是——對他『百依百順』！」

真的，如果老師或父母，對孩子「太縱容、太放任、太溺愛」，就可能會害了孩子，甚至使他成為「不幸的人」。所以，「嚴格，也是一種慈悲。」

事實上，人都有情感式的「月暈作用」，也常會「以貌取人」，見到可愛、漂亮、聰明、能言善道的孩子，就特別喜歡他；就像本文中的倪老師，因太過偏愛李凱，在他騎快車時，未曾嚴厲地管教他、約束他，以致李凱因飆車而喪失生命。

因此，**愛孩子是對的，但是必須是「有智慧的愛」，不能是「縱容的愛」**；若太過溺愛孩子，就如同在孩子的成長性格上「下了毒藥」，將會使孩子嚐到苦果！

所以，古人說：「**愛是好的，姑息卻是絕對的惡！**」

不過，在文中另一主角玉梅，卻是個令人欽佩的女孩；她在一直「被欺負、被瞧不起、始終是最後一名」的低潮中，因著老師「不嫌棄的愛」，找到自己生命的亮點，因而考進了體育資優班，也為自己的生命找到光明的出路。

曾聽過一句話：**「世界上最柔軟的是風，最暴烈的也是風；世界上最柔和的是水，最蠻橫的也是水！」**的確，老師是風，也是水，他可以讓孩子如沐春風，一輩子感受其愛和恩澤；然而，若稍有不慎，過度放任與溺愛，亦可能使孩子誤入歧途、遺憾終身啊！

啟示

捨不得管教孩子、捨不得讓孩子挨罵吃苦，則他將來會更苦！

愛，要「有方法、有智慧」，要讓孩子「吃必要的苦，耐必要的勞」，也要捨得讓他跌倒，他才會勇敢爬起來，而且走得更英挺、更有自信！

「真心說出對不起」的感覺，真好！

老師，那個阿兵哥愛妳

「老師，妳知道嗎，妳那一巴掌，
讓我恨妳恨了快二十年！
我告訴自己——
當我再一次站到你面前時，一定不再是
『被妳罵三八、被妳打的醜小鴨』，
我一定要變成『很漂亮，很有氣質的天鵝』……」

剛從師大中文系畢業時，我選擇到淡水海邊的小學任教；為了節省來回的交通時間，我在學校附近租屋，希望多與班上的孩子們親近。

當時我才二十三歲，比起六年級的孩子，只多了十歲，所以就像個大姊姊一樣。在週末，我常留在學校，幫孩子們補習功課，並一起到海邊散步、玩水。

一天，我照例帶著十多個小朋友到海邊玩，而海防部隊的阿兵哥看到我們來了，就跟我們嘻哈、玩鬧，並對我說：「老師啊，妳又帶妳的小朋友出來玩啦？妳真是個好老師！」

一個阿兵哥講完，營區裡又跑出來兩個阿兵哥，也圍過來想跟我搭訕。以前就聽別人說，部隊裡沒有女生，所以一見到女生，真是「母豬賽貂蟬」！當時，我很靦腆、很害羞，所以就趕緊離開。可是，一經過崗哨，班上愛說話的小蓮，突然當眾大聲說：「老師，那個站崗的阿兵哥愛妳！」

天哪，我根本不敢抬頭看，因每次經過那裡，剛好都碰到那帥帥的阿兵哥站崗，而且，他遠遠就對著我笑！

才走沒幾步，又有一阿兵哥跑過來說：「老師，我帶妳們去抓蝦好不好？」另一阿兵哥，也隨即跑過來說：「老師，我帶妳們去抓海膽！」

這時，小蓮又在同學們面前大聲嚷著說：「老師，這兩個阿兵哥也愛妳！」

後來，又有一堆阿兵哥圍攏過來，而小蓮竟扯著大嗓門說：「老師，所有的阿兵哥都愛妳！」

小蓮一說完，全部小朋友都笑彎了腰！

真的，當時，我覺得很糗、很丟臉、很不好意思，可是，我不知道如何制止小蓮口無遮攔的「大嘴巴」，也深怕她又說出什麼不雅的話；在情急之下，我轉過身，朝著小蓮「啪！」一巴掌打了過去，生氣地說——「閉上妳的嘴，妳實在有夠三八！」

挨了這個巴掌，小蓮的淚珠滾了下來，全部的小朋友和阿兵哥也都愣住了，不再嬉笑。

而當我再看小蓮一眼時，只見她咬著牙、含著淚，用充滿恨意的眼光看我。

從那天開始，小蓮「不再三八」了，也很少嬉皮笑臉、吱吱喳喳地亂講話。

我想，她改變了，徹底地改變了，真好！

畢業後，那班小朋友開過了好幾次同學會，但是，小蓮從來不曾參加；只聽其他同學說，她國中時很努力，考上很不錯的高中，後來又考上淡江大學。這對一個鄉下海邊的女孩來說，真的是很不容易！

時光過得真快，那班同學有一「班對」結婚了，可是算一算，新郎和新娘都快三十歲了。那天，我去參加結婚喜宴，也都一一叫得出每個學生的名字。

可是，突然有個陌生女孩子走過來，問我：「老師，妳知道我是誰嗎？」

我看了她，怎麼想也想不起來「她是誰」？我……看著那很美、又很有氣質的女孩，狐疑地說：「很抱歉，我不認得妳耶，我不知道……妳是誰……」

「老師，我就是小蓮！」她說。

「哇，小蓮，妳怎麼變得這麼漂亮？老師都認不出來了！」我真是太驚訝了！

「對呀，我就是要讓自己變得這麼漂亮，才來看妳！」小蓮的口氣似乎不太友善，也當著同學的面，對我說：「老師，妳還記得，妳打過我的那一巴掌嗎？」

唉，聽小蓮這麼說，我真不知道該如何回答，我看著她，她依然是含恨的眼神！

這時，其他同學說：「小蓮，妳不要這樣子嘛，她是老師耶，老師很愛我們的……」

回到家，第二天，我收到小蓮寄來的限時信。

她說：「老師，妳知道嗎，妳那一巴掌，讓我恨妳恨了快二十年！但是，也是那一巴掌，讓我不斷地自我激勵！**我告訴自己——當我再一次站到妳面前時，一定不再是『被妳罵三八、被妳打的醜小鴨』，我一定要變成『很漂亮、很有氣質的天鵝』，才去看妳……」**

小蓮又寫道：「老師，妳知道嗎，當我唸書唸不下去時，就摸摸『被妳打過、好像還發燙的臉頰』，我告訴自己——我一定要唸完大學，一定要做出漂亮的成績來……**老師，這二十年來，我實在不想恨妳了，可是，我沒辦法不恨妳！然而，卻也因為『這嚥不下的恨』，才讓我持續地努力、成長……」**

看著小蓮的信，我的手微微地顫抖著，眼淚也不停地流。

我立刻打個電話給小蓮：**「其實，那一巴掌，也在老師的心中放了二十年；當時老師年輕，不懂得控制情緒……現在，老師要真誠地向妳說聲『對不起』！事實上，妳那含恨的眼神，這二十年來，只要我一靜下來，我都清晰地記得……」**

電話中，小蓮和我都不禁哭了。

那夜，我再寫封信向小蓮道歉。

我很高興，我勇敢地向小蓮說：「對不起！」雖然是「遲來的對不起」，但在積壓近二十年後，能「真心說出對不起」的感覺，真好！

戴老師小講台

人的心在受到挫折、不知如何處理時，常會出現「挫折攻擊」和「惱羞成怒」的情況；就像年輕時的倪老師，在天真的小蓮一直說：「老師，所有的阿兵哥都愛妳」時，十分害羞、尷尬，不知所措，情急之下，就打了小蓮一巴掌。

然而，**或許「別人有錯在先」，我們卻不能「製造更大錯誤在後」呀！**

我們必須學習——不讓「情緒垃圾」進入心中。因為，**真正的力量不是「生氣、動怒、出手」，而是「溫和、包容、寬恕」**。當我們多一些「寬宏雅量」和「幽默自嘲」，就可以化解不愉快的情境。

俗話說：「一句話讓人笑，一句話讓人跳！」

的確，**我們應該多使用「建設性表達」，並避免說出「破壞性表達」的話語或舉動；只要「親切加一點、包容加一點、溫柔加一點」，我們的美麗，就可以加「三、四點」！**

她咬著牙、含著淚，
用充滿恨意的眼光看我。

其實，本故事的另一重點是「小蓮的亮麗蛻變」，她不因被老師打一耳光而自暴自棄，反而「內化」成努力向上的動力。當然，我們不是因「恨意」而改變自己，而是要正面思考、激勵自己——我要變得更好、更有成就，不讓別人有機會再來羞辱我！

所以，**我們必須清除「記憶中的毒素」，不能讓「恨意」跟隨一生呀！**

啟示

在美國，有一間黑人教堂的牆上，刻著一段話：You are the unique one in the world,what you was is the God's gift to you,what you will be is the gift to God.（你在這世界上是獨一無二的，你以前是什麼樣的人，是上帝送給你的禮物；你以後是什麼樣的人，卻是你送給上帝的禮物。）

「敞開心靈，就能成長！」我們一定要自我亮麗蛻變，讓自己成為一個「回饋上帝的寶貴禮物」啊！

那天，我流下歡喜的眼淚！

老師，總有一天我要娶妳

志豪真的從最後一排的位子，
與高采烈地走到前面來，
很用力地往我胖胖的腰——抱下去……
隨後，全班三十多個孩子，
也都從四面八方蜂擁跑到前面來，
團團地把我抱住……

第一次接一年級時，我發現志豪很調皮，喜歡捉弄人家，也經常「動來動去」。一天，快放學時，志豪仍舊不斷地前後講話、走動；我走過去，用雙手輕拍打他的小臉頰，並說：「快放學了，閉上嘴！」

我看到志豪有點臉紅、難堪，而我的心也有點不安。

放學後，我騎腳踏車到附近福利中心買東西，一停好腳踏車，就聽到有位小孩子大聲地叫嚷著：「那個人是我的老師……那個人是我的老師……她就是我的老師，倪美英老師……大家趕快出來看！」

原來，志豪家是賣排骨飯的，而他一看到我，就忘了放學前我曾「輕拍打他的臉龐」，卻天真、興奮地對四周的店家大喊。此時，酸梅湯店老闆、洗衣店老闆娘、麵店老闆……統統跑出來看「倪老師」；而我，站在福利中心門口，一陣臉紅，窘得不知如何是好？

那天，我好感動，我心想——在每個小朋友的心目中，老師是「最大的人」，也是他們的唯一，因為，他們每天都可以在學校裡看到老師！所以，從今天開始，我也要把每個小朋友，都當成「我的唯一」。

有了這樣的想法和心情後，感覺就不一樣；我每天回到家後，就儘可能地想——怎麼讓小朋友們快樂？如何用遊戲、唱歌、玩樂的方式，來寓教於樂？

下學期的某一天，我和小朋友玩「造句」遊戲，題目是「總有一天……」題目才剛說完，就有好多小朋友爭相舉手發言：

小娟說：「總有一天，我要當媽媽，要做很多家事，煮飯給孩子吃！」

士昆說：「總有一天，我要當爸爸，這樣，我就可以打小孩了！」

小莉說：「總有一天，我要賺很多錢，到世界各地去旅行！」

……

志豪坐在最後面，他雖調皮，但平常上課卻很害羞，不常舉手講話，不過，那時他「舉了一半的手」。我看到他，趕緊對他說：「志豪，你的『總有一天』是什麼？」

只見志豪笑咪咪，卻羞赧地說：「老師，總有一天，我要把妳娶回家！」

志豪一說完，全班哄堂大笑，我也笑彎了腰，笑得說不出話來！

後來，我對天真的志豪說：「你這個『總有一天』，好像在你這一生，都不會實現哦！因為，老師已經結婚了！志豪，你要不要再換一個『總有一天』啊？」

他想了想，又舉手說：「老師，總有一天……我要……好好抱抱妳！」

我一聽，立刻回答說：「哈，你這個總有一天很容易實現，你不用等總有一天，你現在就可以走到前面來抱抱我啊！」

這時，志豪真的從最後一排的位子，興高采烈地走到前面來，很用力地往我胖胖的腰抱下去！他笑了，我也笑了，全班的小朋友也哈哈大笑！

隨即，我轉過身，對全班孩子們說：「還有誰想來『總有一天』啊？」

此時，全班三十多個孩子都離開自己的座位，從四面八方蜂擁跑到前面來，團團地把我抱住，最後，竟把我壓倒在地上。

那天，我第一次流下「歡喜的眼淚」，也找到我教學的春天！

「老師，總有一天……
我要……好好抱抱妳！」

戴老師小講台

《列子》書中有一則寓言故事，說道：

在濱海地方住著一個很喜歡海鷗的年輕人，他每天早上、傍晚都到海邊去，和一大群海鷗嬉戲；每當他一出現，就有上百隻的海鷗，朝著他飛過來「哇啊、哇啊」高興地叫、快樂地飛，真是其樂無比！

一天，這愛海鷗的人回家時，他父親對他說：「聽說有一大群海鷗每天都跟你玩，玩得很高興，好不好你明天去海邊，抓幾隻海鷗回來，讓我也能玩玩！」

第二天，這愛海鷗的人再到海邊去時，一大群海鷗都只在天上盤旋，一隻也不願意飛下來。

這故事告訴我們，人要保持「和樂的臉與善意」，否則，相貌不善、有心機，「著相」不佳，身邊的朋友馬上就會離開。但只要有一顆「良善的心、愉快的表情」，每個人都很樂意親近我們。

◎

當老師也是一樣，必須展現「親和的魅力」，去讀孩子的眼睛、傾聽他們心中的話；因為，純真的孩子把老師當唯一，假若老師也能把孩子當重心、當唯一，也經常展現愉悅的笑容，孩子就會像一大群海鷗一樣，樂於與老師親近、嬉戲。

所以，不管是在教室、在走廊、在樹下……「只要有愛，到處都是溫馨天地啊！」

事實上，生命是用來「享受微笑」的，假如孩子們怕老師，不敢和老師親近，不能一起享受微笑和歡愉，這真是師生的一大遺憾啊！

最近，我聽到一則故事——一名小學三年級的學生對老師說：「老師，我覺得我學夠了，不用再唸書了！」

老師聽了很訝異地問說：「你才三年級，你能做什麼？」

學生回答：「我可以教二年級啊！」哈！

啟示

溝通時，別忘了三件事：
一、口氣委婉，勿咄咄逼人。
二、讓別人也有說話的機會。
三、使人覺得和善、愉悅，樂於親近！

「親和的臉」與「美善的心」，常讓學生樂於親近老師。

「挑戰命運、越挫越勇！」

他，穿「六條內褲」來學校…

那時，我叫阿旺把褲子穿好，
也丟下手上的竹棍子，
一個人跑到操場的角落，放聲痛哭！
我……我只是一心一意希望阿旺好，
可是，我沒有用更好的方法來幫助他，
反而當眾傷害他、羞辱他！

二

十多年前，我剛到鄉下教書時發現，那裡的小朋友一畢業，常去種田、當學徒，不喜歡繼續升學。

而開學後不久，我就注意到「陳樹旺」，因為他唸到了六年級，居然連名字都不會寫，每次都寫錯，我就叫他回家「罰寫名字十遍」。

隔天，阿旺牽了一頭牛到學校來，手上並握著一束花，說是路上摘的野花，要送給我。

我當然有些感動，但口中仍詢問他：「老師要你名字罰寫十遍，到底寫了沒？」

他說：「沒有。」

我聽了很生氣，並責問他：「你牽一頭牛來學校做什麼？」

他說：「老師，我爸爸叫我每天都要牽牛出來吃草。」

欸，真是拿他沒辦法！我只好叫他晚上回家時，再罰寫名字「二十遍」。

可是，隔天，阿旺仍然沒寫一個字，我很生氣地對他說：「阿旺，如果你再不補寫你的名字，老師就要處罰你哦！你這樣不識字，長大後要做什麼？」

「老師，我長大後要做廚師！」阿旺很高興地說：「老師，你知道嗎，我哥哥現在在當兵，他說，當兵做廚師『很涼』，所以我以後也要做廚師！」

「想當廚師是很好，可是你還是要讀點書、把名字寫好啊！人要『活到老、學到老』啊！」我說。

「老師，我沒空讀書、寫字啦！」阿旺回答。

到了第五天，阿旺已累積「罰寫一百遍名字」，可是他仍然沒寫。

我很氣憤地警告他：「阿旺，老師給你打六折，明天你一定要寫六十遍名字，不然，老師一定會脫你褲子、打你屁股！」

全班女生一聽——「哎喲，羞羞羞……」，男生則是哈哈大笑！而我，又補說一句：「老師說到就一定做到哦！」

隔日，阿旺來上課，又是帶著一束花，牽著一頭牛。他把牛繫在樹幹上，一進教室，我立刻問他：「阿旺，你名字寫了沒？」

「我……我忘了啦！」

我聽了，真是火冒三丈、氣瘋了！我拿起竹棍子，叫阿旺把臀部抬高，準備打他的屁股！此時我發現，阿旺今天的屁股怎麼「特別大」？

「阿旺，你把褲子脫下來！」我大聲命令地說。

只見阿旺脫下外褲，露出「白色小內褲」，我以竹棍子用力打他一下，可是，不對啊……怎麼內褲裡面還有「內褲」？我叫阿旺再脫，天啦，他裡面居然還穿著紅色、黃色、黑色的內褲，甚至，還有他哥哥當兵穿的「草綠色內褲」……

阿旺每脫一件，我就打他屁股一下；而全班小朋友每看到阿旺脫一件內褲，就哄堂大笑一次，笑得大家前俯後仰。

天啊，阿旺，他知道今天要「被打六下」，居然穿了「六條內褲」來學校！

當我打到第六下時，阿旺轉過身來，含著淚水看著我！他，淚光中，充滿怨恨、哀傷和被全班嘲笑的羞愧……

我看著他，心中一驚，突然覺得「我……我錯了，我……我傷害到阿旺的心了！」

那時，我叫阿旺把褲子穿好，也丟下手上的竹棍子，一個人跑到操場的角落，放聲痛哭！我……我只是一心一意希望阿旺好，可是，我沒有用更好的方法來幫助他，反而當眾傷害他、羞辱他！

放學時，我叫阿旺留在教室，一筆一筆地教他把名字寫對。寫到太陽下山，我才陪阿旺牽著他的牛，一起走路回家。

在他破舊的家中，阿旺說，他媽媽已經過世，爸爸在外做工，他每天回家，要種菜、施肥、餵牛、洗米、煮菜、洗碗……等他做完家事，都已經累倒了。而他爸爸也說：「家裡沒錢，開燈寫功課會浪費錢，作業不必寫了，早點睡，早點起來做事……」

當時，我告訴阿旺——「老師只教你一年，你就要畢業了，但是，你必須記得，『要改變命運，就要讀書！』不管將來如何，你不能小看自己、你不能不識字，你以後一定要想辦法讀到高中畢業。」

十年後，我參加一同學會，一帥哥過來問我說：「倪老師，妳知道我是誰嗎？」

我依稀記得地說：「你是……陳樹……」

「對，老師，我是穿六條內褲的阿旺！」阿旺很帥氣地接著問我：「老師，妳現在一個月賺多少錢？」

我愣了一下回答說：「大概不到三萬元吧！」當時國小老師的薪水就是這麼多。

「老師，我現在賺的錢是妳的三倍……我現在在台北兄弟大飯店當大廚，而且，晚上我還在開南高職唸夜間部……老師，我一直記住妳的話——『要改變命運，就要讀書！』老師，我不會讓妳失望的！」

看著阿旺，我的眼眶紅了！曾經「穿六條內褲挨打、羞辱」的他——不斷地「挑戰命運」，而且「越挫越勇」！

「老師，送妳一大束路邊的野花！」

戴老師小講台

曾有心理學家提出「**蚌殼理論**」——蚌拿來做湯，味道十分鮮美，也很有營養；而且，如果蚌在煮湯前是活的，「吐沙」也吐得很乾淨，那麼，煮出來的湯，會更加甘甜。

但是，要如何才能使蚌自然「吐沙」呢？專家指出，必須將蚌浸泡在適溫的水中，並加上適量的鹽，牠就會怡然自得地在水中盡情吐沙。

成長中的孩子，就像一個外殼堅硬的蚌，老師和父母都必須懂得以「愛心和耐心」，來提供孩子適溫的環境，並加以開導，讓他慢慢地「吐沙」、「傾吐心事」；而不是一味地以強勢的處罰，用力敲打「蚌殼」！因為，蚌只要一遭受外來的攻擊，牠就會緊緊地封閉自己、防衛自己！

因此，「**聽他，才能懂他。**」

假如我們只是「光用嘴、不用耳」，能溝什麼通呢？

「述事派心理治療法」強調，老師、父母都必須用心傾聽——閉起嘴巴、打開耳朵，真心傾聽孩子們說話；不必急著評斷對錯，也不要立刻談論懲處，只要讓孩子像蚌殼一樣，吐出他們心中的「沙和委屈」，才能進入他們的內心世界啊！

本文中年輕時的倪老師，只知嚴懲阿旺，但她後來看到「孩子受的傷害」，也看到「自己的錯」，即立刻加以彌補；而「穿六條內褲」的阿旺也是聰明的孩子，懂得記住老師的話，並把打他的老師當成「恩人」，終於積極向上、改變他的命運！

啟示

- 愛，必須有方法；「錯誤的愛」以及「令人窒息的愛」，都會使人喘不過氣來。
- 溝通時，別忘了「先暫閉嘴巴、打開耳朵」，別讓耳朵太久沒用，而失去了「聽的功能」。所以，「聆聽、接納」之後，才能夠「了解、分憂」啊！

Part 2

打他罵他，不如先了解他

不打他的手，只牽他的手！

打罵、威脅，絕不會讓孩子誠心變好

美琪只不過是七歲的小女孩，
如果，這時她媽媽剛好也正在幫她洗澡，
看到她背上有一條
「被藤條打過的傷痕」，
一定會很心疼、很難過、很捨不得！
天啊，我怎麼會……

年輕時，初執教鞭，不懂得教學方法，心裡非常緊張；因為，有些小朋友常不聽話、擾亂上課秩序，真是讓人氣憤。

美琪，就是這樣，個子比別的小朋友高，上課時卻常站起來走動，或和旁人交談；所以，一堂課下來，我常叫她「美琪，坐下」，叫了十幾次！天哪，我的上課，似乎是一直在維持秩序。

一次，我才講完「美琪，坐下」，轉頭寫一下黑板，只見美琪又站起來，並和後面的小朋友說話。當時，我好生氣，就想起家長送我的那支「長長藤條」——家長送來時，叮囑說，小朋友不乖時，可以「用藤條修理」，他們不會反對！

於是，氣瘋了的我，拿起藤條，走近正轉頭和別人講話的美琪，往她的背上用力一打！

看到美琪的表情，我知道這下滿用力的，真的很痛！美琪坐了下來，低著頭，直到下課，都沒有再站起來。

打了美琪的那時，我的心有點不安，但學校的課一堂堂過去，我也忘了這件事。

放學回家時，我到保母處，帶回兩歲的女兒，也親自幫女兒更換尿布、洗澡。正當我為女兒洗澡、擦背時，我突然想起早上「用藤條抽打美琪」的情景；我的心，似乎也像被藤條抽打一般，突然痛了起來。

心想，美琪只不過是七歲的小女孩，如果，這時她媽媽剛好也正在幫她洗澡，看到她背上有一條「被藤條打過的傷痕」，一定會很心疼、很難過、很捨不得！天啊，我怎麼會那麼不理性，用藤條抽打一個一年級的小女生？

當時，我的心很不安，也很心痛；而且，說真的，我更怕美琪的爸媽隔天到學校來「找我理論」！所以，那天晚上，我輾轉反側，一整晚睡不著覺。

熬到清晨，天一亮，我六點就趕到學校去，希望早一點看到美琪，跟她說聲「對不起」，或跟她父母道歉。然而，我一直等，一直等，都不見美琪來上學；其他小朋友都已經來了，唯獨不見美琪的身影。

我……我真的急瘋了，也胡思亂想——會不會把美琪打得瘀血、爬不起來、走不動了？我的心好懊悔，也好焦急，八點了，怎麼美琪還不來上課？我獨自跑到校門口去等，等到八點一刻，才見美琪一人緩步走來學校。

一看到美琪，我一陣激動，也看看四周——還好，沒看到她爸媽一起來理論、算帳。我趕緊跑到美琪前面，握住她的手，既緊張又裝作無事地對她說：「美琪，怎麼這麼晚才來學校？……昨天，老師打妳一下，對不起哦！……還痛不痛？」

當我拉著美琪的手時，我發現，那是我第一次握小朋友的手——「軟軟的、溫溫的，好可愛！」那時，我也暗自許下心願：

「我以後不要再打小朋友的手，我要學習牽他們的手！」

下課後，是喝牛奶時間，美琪並沒有訂牛奶。

由於我的心不安，所以我叫來美琪，並送給她一瓶牛奶喝。當她喝著牛奶時，我問她：「美琪，妳有沒有覺得老師打妳，是因為老師愛妳？」

小小的美琪喝著牛奶，睜著大大的眼睛看著我，沒說話。

我心有點急，她……她怎麼不回答？於是，我故意看看牛奶，再看看她，再次問道：「妳有沒有覺得老師愛妳？」

美琪定睛看著我，用很篤定的語氣說：「沒有！」

天哪，她……她的回答竟然是那麼肯定的「沒有」！

「沒有」這兩個字，給我極大的震撼——**原來，沒有一個小朋友會認為「打他、罵他的人，是愛他的！」過去，我一直以為，「打罵孩子，是因為我愛他」；可是，這樣的想法，在小朋友的心裡，似乎是不存在的！**

兩天後，學校為小朋友檢查視力，美琪的視力報告是——「左眼零點二，右眼零點七」，有嚴重的近視。

那時，我一陣錯愕。天啊，我……我錯了！美琪上課時，一直站起來，是因為她「視力不平衡、看不清楚黑板的字」；常與小朋友講話，是因為她想問「黑板上寫些

我……我錯怪她了！她上課一直站起來，
是因為她「看不清楚黑板的字」！

什麼？」我的心……真的充滿「不安與自責」啊！

然而，「不打他的手，只牽他的手」，從此也成為我在教學上，最大的「警惕與目標」。

戴老師小講台

近代中國散文大師陳之藩先生曾寫過「熊」的一篇文章，其中提及他十來歲時，父親常逼他背唐詩，當他背不起來時，父親總是怒目相斥、拳腳相向，痛打他一頓。一天，祖母與全家人聊天時，說了一個「熊的故事」，才改變父親的教育方式；其文章大意是說——

東北有一種大黑熊，很喜歡吃「蜜」，常視蜜為最甜美的佳餚。一日，大熊發現

◆ 讀 者 回 函 卡 ◆

讓**戴晨志**老師的作品，陪伴您一起歡樂、成長。

寄回本卡，將可獲得戴老師的最新出版訊息。

購買書名：

姓名：＿＿＿＿＿＿＿＿ 性別：□ 男 □ 女

教育程度：＿＿＿＿＿＿＿＿ 生日： / /

職業：□學生 □公教人員 □服務業 □醫藥護理 □製造業 □電子資訊 □企業主管
□軍警消 □文化 / 媒體 □主婦 □農林漁牧 □自由業 □作家 □其他

E-mail：＿＿＿＿＿＿＿＿

聯絡電話：＿＿＿＿＿＿＿＿

聯絡地址：□□□＿＿＿＿＿＿＿＿

· 本書於哪個通路購買？

□博客來 □誠品 □金石堂 □晨星網路書店 □其他＿＿＿＿＿＿＿＿

· 想要購買此書的原因？

□戴晨志老師的忠實讀者 □於＿＿＿＿書店尋找新知時無意中發現

□親朋好友掛保證推薦 □受文案及內容吸引 □看＿＿＿＿網路平台分享介紹

□其他編輯萬萬想不到的過程：＿＿＿＿＿＿＿＿

· 本書最吸引您的是哪一篇文章或哪一段話呢？＿＿＿＿＿＿＿＿

＿＿＿＿＿＿＿＿

· 對於本書的評分？（請填代號：1. 很滿意 2.OK 啦！ 3. 尚可 4. 需改進）

封面設計＿＿＿ 版面編排＿＿＿ 文字內容＿＿＿ 其他＿＿＿＿＿＿

· 您其它與眾不同的閱讀品味，也請務必與我們分享：

□文學 / 小說 □健康 / 醫療 □科普 □自然 □寵物 □旅遊 □生活 / 娛樂 □心理 / 勵志
□宗教 / 命理 □藝術 / 技藝 □財經 / 商管 □語言 / 學習 □親子 / 童書 □兩性 / 情慾 □其他

＿＿＿＿＿＿＿＿

· 請寫下閱讀本書的心得、建議或想對戴老師說的話：

＿＿＿＿＿＿＿＿

＿＿＿＿＿＿＿＿

＿＿＿＿＿＿＿＿

＿＿＿＿＿＿＿＿

晨星出版有限公司 編輯群，感謝您！

樹的窩窿裡有蜂蜜，牠嚐了一下，味道是甜的，就捨不得吃，趕緊回家去把小熊叫過來，吃甜甜的蜜。可是，一農夫在此空檔，把蜂蜜挖走，換上糞便。

當大熊帶著小熊來時，小熊吃到的是糞，就不吃！大熊一看，很生氣地打小熊，強迫牠「一定要吃」！可是，小熊還是不肯吃，大熊就愈氣愈急，打著打著，就把小熊打死、扯爛！等到大熊把小熊打死、扯爛之後，他自己一嚐，原來並不是蜜，而是糞；這時，大熊便嗚咽地哭了起來。

老師和父母，若不仔細探究孩子犯錯的原因，只是一味地用強壓式的打罵，有時就會像大熊一樣「錯怪了孩子」，一如本文中的故事一樣。

因此，「**打他、罵他，不如先了解他！**」

其實，「處罰孩子」的方式有很多，有些聰明的老師處罰孩子，不是「打罵、罰站或是青蛙跳」，而是叫他「寫日記、寫書法，或把心情畫成一張圖畫」。曾有一位校長，把頭痛的學生放學後「留校三十分鐘」，並叫這學生看一篇「有趣、滑稽、又激勵」的文章，看得這學生哈哈大笑，甚至把整本書借回家看。
而這校長，也曾把愛打架的孩子留校三十分鐘，並規定他一定要在三十分鐘內學會唱一首歌，歌名是——「媽媽請妳也保重」，哈！而這學生也從此改過自新！

啟示

- 打罵孩子，或許是一個解決問題的「最快方法」，但也是一條「最遠的路」——最遠回到孩子心裡的路！因為「打罵、威脅、恐嚇」，絕不能讓一個孩子誠心變好！
- 傷害一個孩子的心靈，是一項嚴重的過失。
- 打他、罵他，不如先了解他。

別讓不愉快的記憶，懲罰自己一輩子！

她，嚇得躲到櫃檯下面去…

也不曉得怎麼搞的，
玉萍她不知道看到什麼，
突然嚇得臉色蒼白，神色很緊張，
說她臨時有事，要馬上請假回家；
說完，她立刻走了，
連客人也不管了……

十多年前吧，那時學校早上還為小朋友準備牛奶，補充營養，而老師也依例向小朋友收取牛奶的費用。

一天，快放學前，小彬對我說：「老師，我今天交了牛奶的錢，可是妳還沒有找我錢！」

當時我愣了一下，說：「有啊，我已經拿五十塊叫班長找給你啦！」「可是，老師，我真的沒有拿到五十塊啊！」小彬一副委屈的臉說。

於是我找班長玉萍來問，而她肯定地說：「有啊，我已經找給小彬五十元啦！」怎麼辦？快放學了，我叫班長找給小彬的五十元不見了，而小彬座位旁的小朋友也作證說，小彬的確沒拿到錢。於是，我說，全班同學暫時不能離開教室，要「全班搜書包」！我叫班長玉萍搜查每位小朋友的書包，而後，我也搜查班長的書包。

就在我搜查玉萍的書包時，我赫然發現，一張五十元的鈔票，竟夾在她的課本裡！

這時，幾位小朋友看到我，也看到了鈔票，其中一位小朋友大聲說：「班長是小偷，班長是小偷……」剎那間，全班小朋友的眼光全都投注到「班長玉萍」的身上。

而玉萍，也停止搜查其他小朋友的書包；她，含著淚，抿著嘴，顫抖著身子，看著我，而我也看著她。班上的氣氛，似乎是凝住了。

我告訴玉萍：「妳以後不要再做這樣的事了。」

學期末，身為級任老師，我照例要在孩子們的「輔導記錄簿」上寫一些輔導記錄；可是，對班長玉萍，我真不知道該怎麼下筆？她，從一年級到四年級，成績都很好，表現也十分優秀，一直當班長，然而，卻因一時的貪念，拿了「不該拿的錢」！為了避免讓玉萍留下不好的記錄，我只在她的記錄簿上輕描淡寫著——「要多注意她的生活習慣。」

暑假過後，玉萍升上五年級了，也換了一位男級任老師。

一天，男老師帶著玉萍到辦公室來，開口就問我說：「倪老師，玉萍她一向都很優秀，可是妳記錄簿上卻寫說『要多注意她的生活習慣』，到底是要注意她什麼？我一直問她，她也不肯說。」

我聽了，傻愣住了！一抬頭，看到玉萍正以「含恨的眼光」看著我……

我真的不知道該怎麼向那位男老師解釋？我……真的講不出來！

而玉萍，她一定以為我在記錄簿上寫了些什麼難聽的話……。

這時，她故意和我保持距離，眼光依然充滿著「敵意和憤怒」！

從此，玉萍這孩子不再用功唸書，過去成績極佳的她，功課也逐漸退步；唸了國中，勉強唸了高職，就不再升學了。

十多年後的一天，我應邀到高雄演講；演講結束，我獨自到一家百貨公司閒逛。當我逛到二樓精品展示區時，我突然發現「玉萍」——她，正神情愉悅地與顧客交談。

沒錯，是她，十多年沒見了，但她清秀的臉龐，我一眼就認出來了。

當我正想走過去時，她，剛好也看到我，我們「四目相視」。

突然間，玉萍一臉驚慌地「蹲下來」，蹲躲到櫃檯下面去。

那時，我好想過去和她講講話，可是，她一看到我，竟是那麼驚嚇、害怕！「別

班長含著淚，抿著嘴，顫抖著身子……

為難她了！」我心裡如是想，也猶豫了一下，就轉身走上三樓。

走著走著，我的心很不安，我好想鼓勵玉萍一下，甚至想真心地向她說聲「對不起」！掙扎一兩分鐘之後，我鼓起勇氣，走下樓；可是，當我回去時，櫃檯前已沒有她的身影。我問旁邊的其他小姐：「玉萍呢？」

那小姐回答說：「也不曉得怎麼搞的，玉萍她不知道看到什麼，突然嚇得臉色蒼白、神色很緊張，說她臨時有事，要馬上請假回家……說完，她立刻就走了，連客人也不管了！」

當時，我的心真是好痛、好痛！孩子啊，老師真的傷害到妳了，老師對不起妳！如果時光能倒流、能夠重來，老師一定會學習用更好的方法來處理那「五十元牛奶錢」的事情，絕不會讓妳在全班同學的面前受傷害！

只是，人海茫茫，老師也不知道妳身在何處，他日，若有機會再相逢，老師一定會真心地向妳說聲「對不起」！

戴老師小講台

生命中，有些事，只要經歷一次，就足夠思量了。

就像本文中玉萍的故事，由於老師對她的犯錯，處理不當，使她被貼上「負面標籤」的陰影，深埋心頭十多年而揮之不去。

然而，我們豈能讓「不快的記憶懲罰自己一輩子」？人豈能讓自己一直活在痛苦的陰霾之中？

每個人都要有更強的「挫折容忍力」和「心理建設」，讓自己不斷「向上提升」，而不能「往下沉淪」啊！

其實，本文中男老師不該帶玉萍向倪老師詢問「要多注意她什麼生活習慣？」以致使玉萍自尊心受損；然而，倪老師亦未在事後做好「撫平孩子情緒的工作」，讓玉萍覺得十分羞愧，甚至不再升學，也恐懼、害怕再看到老師。

的確，「**挫折是敵意的來源，蒙羞是憂鬱的病因。**」孩子犯了錯，不懂得堅持站起來，老師就更有責任，做好「事後補救」的措施。

◎事實上，人際關係並不是全輸或全贏的「零和遊戲」。一個老師向學生道歉，並不是「輸了」或「很沒面子」；適時地說聲對不起，並做好善意補救，很可能是皆大歡喜的「雙贏」！相反地，若老師有錯，卻礙於面子而堅持不道歉，很可能是兩敗俱傷的「雙輸」，就像玉萍和倪老師的關係一樣。

因此，別讓孩子的心「一直受傷」，也別在孩子的傷口上「撒鹽巴」；老師勇敢地「彌補」自己的疏忽，的確是很重要的。

不過，孩子也必須有EQ智慧，即使做錯事，也要「勇敢面對、接納自己」；因為，「勇於承擔錯誤，才是動人的力量」！

啟示

- 溝通學中有所謂「分段溝通法」和「主動趨前法」。人與人之間的溝通，並不是一次就可以圓滿達成；假若溝通不見得完善，可再選擇良好的時機、地點、氣氛，「主動趨前、再次溝通」；因為，雙方在心情冷靜、沉澱之後，都會比較願意「心平氣和」地談論問題，並化解誤會和心結。
- 「好想法↓好行動↓好結果」，是愛的溝通之必要過程。
- 被貼上負面標籤，是孩子心中永遠的痛。

「悲觀，是自我成長的殺手！」

好耶，大家一起用左手吃飯

「對自己有信心，是生命中最重要的一部分，
缺少了它，整個生命都會癱瘓！」
所以，天下沒有什麼大不了的事，
只要有信心、肯學習，就可以克服困難；
只要心存樂觀、不氣餒，
就能展開雙翼、自我實現！

剛念一年級的小朋友，下了課，總喜歡搶玩盪鞦韆；明仁就是這樣，玩盪鞦韆，玩得太忘我了，就不幸「跌斷了右手」。後來明仁的右手「打了石膏」來上學，而他媽媽每天中午也都到班上來，餵他吃營養午餐。

明仁的媽媽是啟智教養院的老師，她每天來餵明仁吃飯時，心中常放不下她啟智班的學生，所以她總是來去匆匆，餵完明仁午餐，即騎機車快速離去。

一天上學時，我對明仁的媽媽說：「可不可以讓明仁自己練習用左手吃飯、用左手寫字？」

她聽了，有點為難，而明仁也立刻搖搖頭說：「我不會，我做不到！」但我告訴明仁：「很多事情，不學不會，學了就會！」

後來，上課時，我和全班小朋友分享一則真實故事——

在南非的約翰尼斯堡，有個十歲的小朋友名叫山姆，他因得了「血癌」，所以請假到醫院治療，很久沒有到學校上課。一天早上，山姆情況稍好，回到了學校；可是，因藥物治療的關係，使他的頭髮全掉光，變成「光禿禿」的光頭。

山姆光著頭，帶著怯生生的眼神走過學校長廊，也緊張地走向那「既熟悉似又陌生」的教室。當山姆走進教室的剎那，原本滿屋子吵雜、喧鬧的同學，突然都安靜了下來；所有同學的眼光，也都轉向了山姆。這時，無論是白人或黑人的小朋友，不分膚色，竟然都戴著「一頂毛線帽」！

正當全班一片鴉雀無聲時，前面第一排的小朋友開始把毛線帽脫了下來；隨後，每個小朋友就一個接一個地，都把頭上的毛線帽脫下來！原本以為小朋友們是向山姆脫帽致敬，沒想到，每個脫帽的小朋友，不管是男生、女生，都和山姆一樣——竟然都理個「大光頭」！

在片刻的靜默後，全班理光頭的小朋友突然都大笑了出來，也都把毛線帽拋到半空中，並熱烈鼓掌、雀躍歡呼地說：「山姆，歡迎你回來學校上課！」（取材自資深創意人沈呂白先生大作，及南非真實故事拍成的電視廣告）

當我講完這故事時，班上一女生說：「老師，他們班上同學的感情好好哦！」

而小倩則說：「老師，我懂了！」小倩轉頭對明仁說：「明仁，今天中午，叫你媽媽不要來餵你吃飯，我們全班都一起陪你『練習用左手吃飯』好不好？」

這時，全班小朋友都高興地拍手，大叫：「好！好！」

明仁本來不情願，經大家這麼一說，也點頭說「好」，並打電話叫媽媽中午不用來了。

那天，全班小朋友都很吃力地陪明仁「用左手吃飯」，但可想而知，大家都吃得很緩慢，而且「剩飯剩菜」也特別多！然而，這是一個好的開始！明仁真的開始練習用左手吃飯、寫字，也用尺畫圖案；一個月之後，他的左手已經可以運用得很好了。

升上三年級時，班上女生小莉幫一年級的弟弟推玩鞦韆時，太用力，不慎使弟弟跌斷了手臂，同樣也是「右手」。

小莉的父親很生氣地帶弟弟來教室，告訴我：「倪老師，我要處罰小莉，因她太不小心，讓她弟弟跌斷了右手；從今天開始，中午吃飯時，小莉要到弟弟的教室，先餵弟弟吃完飯後，她才可以自己吃飯……」

這時，我告訴小莉的爸爸：「李先生，我們班上以前也有個小朋友跌斷了右手，可是後來他學會了用左手吃飯、寫字。」我將頭轉向明仁，也大聲對全班說：「現在，我們請明仁出來，跟弟弟說幾句話好嗎？」

在全班鼓掌聲中，明仁走到講台前，眼睛看著小莉的弟弟，也握住他打著石膏的右手，說道：「弟弟（ㄉㄧˇ ㄉㄧˊ），**你一定可以用左手吃飯、寫字，因為，我以前也跟你一樣，跌斷右手！我要告訴你——『只要你覺得能，你——就——一——定——能！』」**

當明仁說完，班上一片靜肅，似乎充滿著感動，空氣中也迴盪著那鏗鏘有力的話——「只要你覺得能，你就一定能！」而弟弟聽了，也很努力地點著頭。

後來，我告訴弟弟：「今天姊姊陪你去教室、餵你吃午飯，但是從明天開始，你就自己用左手吃飯好不好？」

此時，右手打著石膏的弟弟，有些膽怯地開口對我說：**「倪老師，我從今天開始，就可以自己練習用左手吃飯，不用等到明天了！」**

哈，全班所有小朋友，竟然都戴著「一頂毛線帽」！

戴老師小講台

西洋哲人說：**「對自己有信心，是生命中最重要的一部分，缺少了它，整個生命都會癱瘓！」**

一個人在成長過程中，總有許多挫折、跌倒和失敗，但是一個良師，必須適時適切地以故事或名言，來激發孩子的自信心，讓他「勇敢面對壓力，並在困境中堅強站起來」！

知名教育學者鄭石岩教授曾說，他初中時的一位數學老師總是面帶笑容，在遇到難解的習題時，就在黑板上寫下「不會」二字，然後回頭問學生：「這兩個字要擦掉哪一個字？」全班同學就說：「把『不』字擦掉，留下『會』字。」老師就笑嘻嘻地說：「一定要會解答才行！現在不會，過一會兒要會；今天不會，明天一定要會！」

的確，天下沒有什麼大不了的事，只要有信心、肯學習，就可以克服困難！

就像本文中的明仁一樣，跌斷右手，必須用左手吃飯；他，並不是「不能」，只是「不敢、不去嘗試」！但倪老師巧妙地以故事，來激發明仁的潛能，並請全班同學一起「練習用左手吃飯」，來消弭明仁心中的膽怯，並增進他的自信心，這也就是一種「從眾行為的力量」。

◎

「悲觀，具有殺傷力；樂觀，卻具有傳染力！」

「悲觀，是自我成長的殺手；樂觀，卻是自我實現的力量！」

一個老師若能不斷進修，多看多聽、充實自己，也收集許多相關的故事與智慧，將可在適當的時候，提供孩子們最好的「機會教育」，並給予孩子們「信心與力量」！

啟示

✚大文豪雨果曾說：「人生下來，不是為了抱著枷鎖，而是為了展開雙翼！」生命中有許多枷鎖，老師與父母有責任教導孩子們學習開啟生命的枷鎖，而不被枷鎖所捆綁。

✚「說給他聽、做給他看、讓他去做、讚美鼓勵他」，是生活教育的四部曲，孩子生命中的最大倚靠——信心，也將因此而來！

✚善用「愛的語言」來鼓勵他人，就可以讓對方「從嘲諷中得到信心，從挫折中看見希望。」

「好老師，是學生心靈的啟蒙者」

打開窗，「光頭小子」迎亮光

教育，不能是一成不變的教學；
教育，必須有創新的教學方法。
而創新中唯一不變的原則，就是「變」——
不斷地以遊戲來引導學生的想像，
以故事來激發學生的潛能，
以比喻來誘導學生向上的動力！

建宏從一年級開始，就理光頭。我也不知道為什麼？大概是他媽媽幫他理頭髮時，理得不好看，所以乾脆就理成「只剩約半公分的光頭」。也因這樣，同學們常開建宏的玩笑、摸他的光頭；而建宏很討厭同學們這麼做，所以常悶悶不樂。

三年級時有一天，天氣滿熱的，建宏卻穿著一件厚外套來上學，而且還把連在外套上的帽子「戴在頭上」。我覺得很奇怪，就問他：「建宏，你是不是生病了？」

「不是。」建宏搖搖頭說道。

「那你為什麼穿這麼厚的外套，而且還戴帽子？」

「老師……我……昨天我媽媽又幫我理光頭……可是她理得很不好看，高低不平……所以看起來好像中間有一條線，好醜、好丟臉哦！」建宏不好意思地說。

「怎麼會呢？」我對建宏說：「你知道嗎，櫻桃小丸子的頭髮也都是她媽媽剪的；有時她媽媽不小心剪壞了，可是櫻桃小丸子她還是覺得——能讓媽媽剪頭髮的孩子，是最幸福的呀！」

隨後，在課堂上，我和小朋友們分享一次「聽黃美廉博士演講」的經驗——

從小，黃美廉就是一個腦性麻痺的病人，她失去肢體的平衡感，也沒有正常發聲講話的能力；她，走路歪歪扭扭的，說話不清楚，頭時常歪斜一邊，身體也常不由自主。雖然，黃美廉從小就行動不便，也遭到其他小朋友的異樣眼光和排擠，但是，她沒有被痛苦和血淚所擊倒，反而更樂觀、更積極地坦然面對。

後來，黃美廉小姐榮獲美國加州大學「藝術博士」學位，她以手當畫筆，繪出燦爛的生命色彩。

在那場演講會後，有個學生舉手，站起來發問說：「請問黃博士，妳從小就長成這個樣子，請問妳是怎麼看待妳自己？……難道，妳都沒有怨恨嗎？」

哎喲，怎麼會有這麼不懂事的學生，在許多聽眾前問了這麼「不成熟、不得體」的問題——拿一個「最痛的問題」去觸痛人家！

當時，現場氣氛有點緊張。但，只見黃美廉博士吃力地歪斜著頭，拿著粉筆，在黑板上用力寫道：「我怎麼看待自己？」

此時，黃美廉停下筆，又歪著頭，回頭望了那發問的學生一眼，然後微笑地回過頭、繼續寫道：

「一、我好可愛！

二、我的腿很長！

三、爸爸媽媽這麼愛我！

四、上帝這麼愛我！

五、我會畫畫！

六、我會寫稿！

七、我有隻可愛的貓！

八、……」

正當全場靜默無聲時，黃美廉繼續在黑板上，用大大的字寫下她的結論——**「我只看我所擁有的，不看我所沒有的！」**

這時，台下突然響起了一片掌聲！而黃美廉博士站在台上，歪斜著身體，也滿足

「爸媽愛我，上帝愛我，
而且我還有一隻可愛的貓……」

地點頭微笑。

那天，我要小朋友在聯絡簿上寫下「今天的家庭作業」——

一、回家和爸爸媽媽抱抱，並對爸媽說：「我愛你！」

二、今天學到一句話：「我只看我所擁有的，不看我所沒有的！」

三、寫出十項「哪些是我所擁有的？」

我說完後，只見建宏若有所感地「振筆疾書」。當我在簽聯絡簿時，我發現他寫著——**「一、我有光頭。二、我有手。三、我有腳。四、我會畫靜物畫。五、我有可愛的妹妹。六、我有愛搗蛋的弟弟。七、我有一顆溫暖的心。八、我有想像力。九、我有大家。十、我有認真做事的力量。」**

我一邊看著建宏的聯絡簿時，心中一陣感動，好想掉眼淚！當我抬頭看建宏一眼時，發現——他已經把外套的帽子脫了下來，坦然地「露出光頭、面對自己」。

戴老師小講台

有個生長在都市的小男孩，第一次和爸媽到山裡旅行、遊玩。到了山上，小男孩興奮地對著山谷大喊一聲：「喂！」沒想到一下子後，山谷裡也傳來一聲：「喂！」

這小男孩以為有人在開玩笑，所以他又再大喊一聲：「你——是——誰？」過了一會兒，山谷那邊又傳來一聲：「你——是——誰——？」

這時，小男孩有點生氣了，再大叫一聲：「你——給——我——出——來！」沒多久，山谷那端又傳來一聲：「你——給——我——出——來！」

小男孩聽了更生氣了，就大喊：「我——要——揍——扁——你！」沒想到，山谷依然傳來：「我——要——揍——扁——你！」

媽媽看著小男孩氣呼呼的，就對他說：「你要不要換一句話，說『我——愛——你』？」小男孩照做了，結果，山谷中也迴盪著洪亮的「我——愛——你！」

教育，不能是一成不變的教學；教育，必須有創新的教學方法。而創新中唯一不

變的原則，就是「變」——不斷地以遊戲來引導學生的想像、以故事來激發學生的潛能、以比喻來誘導學生向上的動力……

事實上，老師是孩子心靈「正面能量的來源」，老師創意的教學，會令孩子們印象深刻；就像本篇故事中，倪老師以黃美廉女士的故事——「我只看我所擁有的，不看我所沒有的」——來激勵、鼓勵孩子們，也打動了光頭建宏的心，讓他不再以光頭為恥。

因此，老師必須是「終身學習的實踐者」，讓孩子們在最需要的時候，給予他「一句話、一盞燈、一感動、一目標、一方向」，來突破孩子們心中的困境與僵局；同時，也為孩子們打開一扇窗，讓孩子們能探出頭去，迎接灑落一地的亮麗陽光。

啟示

- 人生中最大的幸福，是一生中有老師的「帶領和指引」；一個人生命中沒有老師，是最大的不幸。
- 老師雖是一項「職業」，但也可以是生命的「志業」；一個好老師，是學生心靈的啟蒙者！
- 溫暖說話的力量，讓師生之間的溝通，充滿正能量。

「不喜歡他，也要看到他的好」

搶救阿杰，大家一起來！

有時，老師很不喜歡一些「壞學生」，
常常幾乎快被氣瘋了；
不過，若能靜下心來，讓思維試著「轉彎」，
想想——或許他也有好的一面！
只要思維不斷地轉彎，
就可以看到「一個圓、一個圈」啊！

告狀，是小朋友的特色，可是，在三年級這班，阿杰一直是被告狀的「問題學生」，因他常爬牆、故意伸出腳絆倒同學、碰觸女生、掀女生裙子或摸女生屁股……

真的，阿杰的不雅動作，常惹怒其他小朋友，家長也跑來學校指責。後來，阿杰的行為變本加厲，他在學校水溝裡抓到小青蛙，就猛力「把青蛙的頭拔斷」，真的好殘忍！

其實，在我面前，阿杰是個很乖巧的小孩，說什麼事他都點頭、恭恭敬敬；可是，他一離開我的視線，就開始「作怪」！例如，當我在上課時，他是「乖學生」的模樣，可是我一轉頭去擦黑板時，他就立刻「脫下褲子、露出私處」給別人看，不然就是故意摸女生。

一天，阿杰太過分了，竟然去「摸女生的胸部」，家長氣憤地告到學校來；我也找來阿杰的媽媽，問她，阿杰是不是心理上有陰影？媽媽哭著說，她是很「溺愛」阿杰沒錯，可是也不至於讓阿杰有什麼心理痛苦或陰影啊！

後來，我請阿杰的媽媽帶他去大醫院看「兒童心理門診」；診療結果發現，阿杰的「腦下垂體發育不平衡」，造成他有「無法控制自己行為、做出不雅動作」的現象。這種病症，醫生說，只要按時吃藥，就會慢慢控制他異常的行為。

可是阿杰吃了藥，一直嚷著「頭好痛」，媽媽看得心疼，就沒按醫生指示給阿杰吃藥；也因此，阿杰欺負女生、搗蛋作怪、殘忍傷害小動物的行為，就不斷發生。

一天，阿杰拿著一本簿子，主動跑過來告訴我說：「老師，妳最近好像都沒有嚴格管我了……老師，妳要好好管教我！如果妳不管教我，將來我變很壞怎麼辦？我會跟人家說『我是妳學生』耶！」

我一聽，噗哧地笑了出來。我說：「好，我會好好管教你！可是，你拿這本簿子給我做什麼？」

「老師，從今天開始，如果有同學來告狀，說我不好，妳就幫我在簿子上打個叉！妳每打一個叉，就可以打我一大板，這樣好不好？」

天啦，阿杰居然主動要求我「管教他、約束他、處罰他」。

可是，說歸說，阿杰的行為依然調皮乖張，每天都有小朋友向我告狀，說阿杰又亂摸人、亂脫褲子、故意絆倒別人……。

而才不到一星期，我在阿杰的簿子上，就已記下「一百個叉」了！

後來，我生氣地找來阿杰，對他說：「阿杰，你已經被老師記了一百個叉，老師真的要處罰你了！」

「對，老師，妳應該好好管教我，妳應該打我一百個大板！」阿杰自動地伸出雙手，讓我打。可是，我看著他的手、他的臉，我……我怎麼忍心打他？

我的心好痛——阿杰啊，你不笨，你很聰明，可是你為什麼要明知故犯、要自暴自棄？

你要改變你惡劣的行為，要把自己身上「小壞蛋、小惡霸」的標籤拿掉啊！

此時，阿杰的雙手仍然舉在半空中，等待被打；而我，轉頭看著全班小朋友說：

「老師真的很難過，從一年級到現在，老師每天都聽到你們來告狀，都說阿杰哪裡不

好、做錯什麼，要『打叉』；可是難道阿杰沒做過什麼好的，可以『打圈』的嗎？」

我話一說完，全班氣氛凝住了！約五秒，昌明舉手說：「老師，阿杰也有圈耶！我昨天沒有帶水彩，是阿杰借給我用的！」

而常被阿杰欺負的慧怡也說：「剛才下課時，我走過阿杰旁邊，他本來已經把腳伸出來要害我跌倒，可是他又把腳縮回去，我沒有跌倒，我很感謝他！」

這時，我對小朋友說：「對，阿杰一定有很多好的，他可以得到很多的圈圈，對不對？老師已經記了他一百個叉，本來他要老師打他一百下，可是老師不想打他，我們大家一起努力想——『阿杰做過哪些好的？』說他一個好，就送給他一個圈，也銷掉一個叉，我們一起來『搶救阿杰』好不好？」

話說完不久，又有小朋友舉手說：

「老師，阿杰有一次幫忙我打菜！」

「老師，阿杰昨天有幫忙抬牛奶！」

我有很多不好，要「打叉」，
但我也有好的，可以「打圈」啊！

「老師，阿杰上星期幫我把垃圾丟掉！」

「老師，阿杰昨天也有掃廁所！」

……

那一節課，全班小朋友——不斷地回想、不斷地舉手、不斷地搶著述說阿杰的好，一直送「圈」給他！一節課下來，阿杰也得到「一百個圈」，就把先前的「一百個叉」全都塗銷掉了！

而站在前面的阿杰，原本哭喪的臉，慢慢笑了……但，最後他竟哭了——他，被同學們的愛，深深感動，也答應按時吃藥、努力做個好孩子！

戴老師小講台

有人問我：「哪裡距離眼睛最近？」我猜不出來，答案是：「睫毛。」

睫毛距離眼睛最近，可是我們卻看不見它！相同的，我們身邊也有一些很親近的人，可是我們往往看不見他們的優點。

就如同本文中的故事一樣，同學們常看到「阿杰的壞」，要被處罰，可是，在老師的循循引導之下，才看到「阿杰的好」，原來他也有「一百個圈」。

所以，**教育的功能，不在於刻意壓制人性的「黑暗面」，而是努力啟發人性的「光明面」**。我們如果只一直看到別人的壞，有一百個叉，要打一百個大板，則我們自己的心不也是處在痛苦的黑暗中？

◎

事實上，我們可以學習——**「雖看不慣，也要學習讚美」；「雖不喜歡他，也要試著看到他的好。」**有時老師很不喜歡一些壞學生，常常幾乎快被氣瘋了；不過，若能靜下心來，讓思維試著「轉彎」，想想——或許他也有好的一面！只要思維不斷地轉彎，就可以看到「一個圓、一個圈」啊！

因此，我們不能一直用「否定」的眼光來看孩子，也不能一直用「批評」的言詞來論斷孩子！因為——

孩子如果生活於否定中，他學會自暴自棄；
孩子如果生活在批評中，他學會沮喪沉淪；
孩子如果生活在鼓勵中，他學會充滿自信；
孩子如果生活在讚美中，他學會愛和感激。

啟示

我們的生活，是由「愛我們」和「不愛我們」的人所交織而成，所以，萬一有人不愛我們、常瞧不起我們，我們也不必悲傷或難過，反而必須有「更堅強的意志」和「更積極的人生觀」。

我們可以教導孩子，要「看好自己」，也常對自己說──「不管別人怎麼說我、批評我、嘲笑我，我仍然是個很棒、很有價值的人！」

愛罵老師髒話的孩子

別「急著打罵」，卻「關掉耳朵」！

「我只是忘了帶美勞用具，
為什麼就要被老師一直打巴掌？
以前我小、被欺負，我認了；
現在我長大了，我三年級了，
倒楣又被江老師教到，
但是，我一定要報復……」

開學沒多久，一天下課，美勞課江老師氣呼呼地跑來對我說：「倪老師，妳的愛的教育沒有用啦，妳們班的小朋友被妳教了以後，變得很壞妳知不知道？……妳們班阿勇，居然在上課時帶頭罵我髒話……倪老師，妳一定要處罰阿勇！」

江老師滿臉怒氣地繼續說：「我教書三、四十年了，從來沒有教過妳們班這麼鬧、這麼壞的孩子……」江老師講完，很生氣地走了。

我問孩子們：「剛才上美勞課時，發生了什麼事？」

「老師，阿勇上課時，一直拍桌子，也脫鞋子，拿在桌上敲！」

「老師，阿勇罵江老師『幹×娘』、『幹×老母』、『死老太婆』……」小朋友七嘴八舌地告訴我。

這時，我想找阿勇過來，可是他上課了，卻不進教室，一個人在操場上一直跑，一圈、兩圈、三圈……跑累了，才低著頭回教室。

我問他：「你為什麼不回來、一直跑？」

「老師，因為我怕妳會打我！」

上課了，他不進教室，一個人在操場上一直跑！

「我為什麼會打你！」

「因為我罵江老師啊！」

「那你為什麼要罵江老師那麼難聽的髒話？」

「因為我很恨她啊！」此時，阿勇跑得氣喘喘的，眼神也充滿著恨意。

「老師，妳不知道，我從一年級就被江老師教美勞。有一次，我忘了帶畫圖用具，她就大聲罵我；我很不服氣，就瞪江老師！江老師很生氣說：『你一年級就敢瞪老師！』她就『啪』打我一巴掌！」阿勇一邊發抖，一邊對我說：「後來，江老師又告訴我們級任陳老師，陳老師又找我去罵；我又瞪他，陳老師馬上『啪、啪』打我兩巴掌……晚上，我回家，爸爸知道我瞪老師後，又是『啪！啪！』打我兩巴掌！」

阿勇一臉憤怒、咬著牙說：「我只是忘了帶美勞用具，為什麼就要被老師『啪』、『啪！啪！』……一直打巴掌？以前我小，被欺負，我認了；現在我長大了，我三年級了，倒楣又被江老師教到，但是，我一定要報復！」

此時，阿勇伸出手臂給我看，說道：「老師，妳看，今天江老師又打我，我的手都瘀血了，我要去醫院驗傷，我明天就要到法院告她！」

聽了阿勇的陳述，我心中一陣難過！怎麼才國小三年級的小孩，就對老師有這麼多的仇恨？我看看阿勇，問他：「老師可不可以抱你一下？」

阿勇嚇了一跳，但我主動趨前抱抱他；這時他又怒又氣，也全身僵硬。當我放手時，看到阿勇的手指甲很長、很髒，所以就對他說：「來，老師來幫你剪指甲……你的指甲這麼長，怎麼沒有叫媽媽幫你剪？」

「老師，我爸爸媽媽離婚了，我媽媽帶妹妹到台北去了，家裡只剩下我和爸爸。」阿勇的心靜了下來，也稍為柔軟。

「那你爸爸在做什麼？」

「我們家是開豬肉店的，我爸爸每天就割豬肉、賣豬肉……可是，老師，我好想念我媽媽和妹妹；她們開學前有回來看我，也送我禮物……」阿勇紅著眼眶告訴我：

「我好想到台北，跟媽媽、妹妹住一起，可是，我爸爸每天就只會打我、也罵我髒話，不讓我去台北……所以，老師，我一定要做一個『很壞、很壞的孩子』，也對我討厭的老師罵髒話，這樣，我爸爸就會把我趕走，我就可以去台北了。」

聽了阿勇說的話，我的心好痛！我怎麼能處罰他呢？一個父母離異、故意犯錯的孩子，心裡已經夠悲傷的了，而且，他的內心也一定是很矛盾、很掙扎、很痛苦呀！

我讓阿勇坐我旁邊，也對他說：「阿勇，老師幫你剪指甲，你可不可以跟老師說『我要口說好話』？因為，只要你常口說好話，就不會被江老師處罰了。」

阿勇聽了，點點頭，說：「好」！

於是，我為阿勇剪了一隻指甲，他就說：「我要口說好話！」

我剪第二隻指甲時，他又說：「口說好話，有如『口吐蓮花』！」

剪第三隻指甲時，他說：「口說好話、手做好事！」

剪第四隻指甲時，他又說：「口說好話、手做好事、腳走好路！」

我一聽，很驚訝，問他：「阿勇，你怎麼這麼棒、講這麼好？」

「老師，妳牆壁上貼了很多這些話呀！」阿勇笑笑地說。

當我剪完阿勇的第十隻指甲時，他抬起頭微笑地說：「心中有愛，人見人愛！」

「阿勇，接下來，我們要做什麼？」我問。

阿勇想了一下，說道：「老師，我知道了，我要去跟江老師說『對不起』！」

「你要自己去，還是老師陪你去？」我問。

「老師，妳陪我去！」

於是，我牽著阿勇的手，上樓。一到了美勞教室門口，江老師看見我們，驚訝地退後兩步說：「你們來做什麼？」

「江老師，阿勇來跟您說對不起了。」我說。

此時，阿勇向江老師行一鞠躬禮。而江老師在一旁說：「我早就告訴你，要做個好孩子，老師就不會打你、罵你了……」

「阿勇，江老師沒看到你跟她說對不起，妳再跟江老師鞠三個躬，好好地向江老師說對不起。」我說。

阿勇這孩子，恭恭敬敬地站在江老師面前，行了三鞠躬禮，並且大聲地說：「江老師，對不起……江老師，對不起……江老師，對不起……」

戴老師小講台

一個孩子在做錯事情、被逼得走投無路時，就如同溺水的小孩一般，急需老師的愛，來拉他一把，讓他有「呼吸喘息的空間」和「一絲溫暖的感覺」。因此，老師不要把焦點一直放在「孩子的過錯上」，讓孩子一直「踩在最痛的針尖」；老師要趕快轉念——「do something different」，做些不一樣的事，讓孩子有反省、悔悟的空間。

就像本文的故事，倪老師先和阿勇「閒聊、談心、建立感情」，也為他剪指甲，引導他暢所欲言，說出心中的苦悶。

曾有研究顯示：**當一個人相信他的聽眾是一個「真誠、可信賴的人」時，他會讓對方更了解他。**而俗話也說：**「當我把心肺掏給別人時，別人自然會把肝膽給你看。」**

的確，「取得對方的信賴」是很重要的事。當老師與父母氣呼呼、想嚴懲孩子時，可能忘記——耳朵跑到哪裡去了？**我們常「急著打罵」，卻「關掉耳朵」，忘了主動聆聽孩子的心聲。**

所以，有時孩子想說什麼，沒有人了解他；孩子想解釋什麼，沒有人關心他；孩子想傾訴委屈，大人都關閉耳朵！

可是，或許可憐的孩子正在吶喊——「老師，請你把我當人看好嗎，為什麼你要一直打我巴掌？」「爸，媽，請你看重我一下好嗎，我也有優點啊！」

的確，「**溝通時，先要把人當人看！**」每個人都有自尊，我們可以先「服一劑溫柔的藥」，排除自我負面、生氣的情緒，再去聆聽孩子內心的話語啊！

而除了聆聽之外，佛教中「心施」、「眼施」、「和顏悅色施」、「言辭施」的概念，也值得我們學習；因為平靜無怒的心、愛和關懷的眼神、和顏悅色的表情、鼓勵讚美的言辭，一定可以讓人與人之間的溝通，更臻完美。

啟示

- 責罵孩子的聲音愈大聲，責備的效果也愈差。
- 責打孩子愈多，孩子和你的距離會愈遠。
- 「失親不失志，勇敢向前行！」——單親的孩子，別傷痛啜泣，一定要堅強勇敢地站起來！

Part 3

愛的溫馨，是用腦也用心

兒女是神所賜的產業——「讓愛，永不缺席！」

「媽，我不是狗，我需要愛！」

我咬著牙、忍住淚，
說不道歉就是不道歉，
而且還再頂嘴對媽說：
「我又不想做妳的孩子！
妳也沒經過我同意，就把我生下來；
妳只養我，又不愛我……」

剛開學，我在點名時，嚇了一跳，因為秀芬的生日居然和我是同一天；而她的手和腳，到處是瘀青，也有多處的傷痕。

我問她，這些傷痕是怎麼來的？她說：「是媽媽打的。」我心裡真的很納悶，才八、九歲的小女孩，媽媽怎麼忍心把她打得「遍體鱗傷」？我不禁問她：「媽媽為什麼要打妳？」

「因為我頂嘴！」

「那妳為什麼要頂嘴？」我問。

「因為我媽叫我照顧弟弟，我不要！媽媽只愛我弟弟，不愛我……」秀芬的眼神充滿著對媽媽的怨恨。

當天晚上，我打電話給秀芬的媽媽，也猜想秀芬「或許不是她親生的」，否則怎麼會如此兇狠，把她打得全身是「傷痕和瘀青」？可是秀芬的媽說：「她當然是我生的啊，可是，自從我生了她弟弟，她就變得很怪、很壞；我叫她照顧弟弟，她偏不要；我打她，她的個性很倔強，不管怎麼打，她都不哭，也絕不道歉，只愛頂嘴，真是把我氣死了！」

我一聽，心中怔了一下——秀芬，不就是我自己嗎？她，就是我；小時候的我，就和她一樣倔強啊！

記得小時候，我父親是船員，常不在家；當媽媽叫我摺衣服時，我常很不高興！隨便摺了衣服，媽媽不滿意，就叫我重摺，我偏不聽，就把摺好的衣服全部弄亂。媽媽拿棍子追著我打，我就一直跑、不回家。

媽媽在後面氣得大喊：「妳死出去好了，再回來，就不給妳吃飯！」

等到晚上，我沒地方住，只好回家；但我寧願肚子餓死，也不願向媽媽道歉。

有一次，媽媽在外面忙，兩天沒煮飯給我和弟弟吃，一回到家，又看見我和弟弟把家裡弄得亂七八糟，就對我破口大罵；可是，我自覺委屈地說道：「媽，妳不在家，我們都沒飯吃耶！」

「我不是有給你們錢吃飯嗎？」我媽生氣地說。

「可是妳是我媽，妳不是養一條狗耶，不是給他吃就好了！」我憤憤地頂嘴。

這時，我媽氣得打我說：「妳怎麼用這種態度對我說話？」

「我有說錯嗎？我們又不是狗！」我又說了一次。

媽愈聽愈氣，又打我說：「死囝子，妳再頂嘴，我就打死妳！」

「我們不是狗！」我故意大聲頂撞：「妳不是只給我們吃就夠了，我們需要愛！」

媽聽了火冒三丈，不斷地打我，並吼道：「妳去死啦，居然敢對媽這麼不禮貌！妳跟媽道歉！」

此時，我咬著牙、忍住淚，說不道歉就是不道歉，而且還再頂嘴對媽說：「我又不想做妳的孩子！妳也沒經過我同意，就把我生下來；妳只養我，又不愛我，妳……妳只愛弟弟，根本不愛我！」

媽媽氣得全身發抖，到廚房拿出菜刀，橫在我眼前，說要「割我的舌頭」，也逼我道歉、說對不起！然而，倔強的我——「不哭、絕不哭、絕不掉一滴眼淚，也硬不道歉！」而弟弟，早已跪在地上求饒了。

真的，我很少反省自己，只覺得自己「很歹命」，為什麼要來人世間，受這種苦？

我在自己的生命裡，找不到出路，倔強得「很可怕」，也經常離家出走。

然而，三十年後，當我看見秀芬，一個和我同月同日生的孩子，她，豈不是當年「倔強的我」的翻版嗎？不過，上蒼總是恩待我、給我一些自省的機會——

考上師大後，我依然倔強，也常和媽媽吵架，但我也利用暑假到台大兒童復健中心當義工。在那裡，我看到許多肢體殘障的小孩；有些不會講話、不會料理自己；或只會搖頭、點頭，像是智能不足的小孩；更有些是多重殘障，沒有耳朵、看不到鼻孔，或身體嚴重畸形……

天哪，以前我從來不知道「世界上，原來有這麼多的殘缺和不完美！」而我，四肢健全，可以唸大學，是一件「多麼幸福」的事啊！

在那些殘缺不全的小朋友身上，我看到了「自己的幸福」，也第一次心中萌生「感謝父母的心」；尤其是我媽媽，她辛苦地把我扶養長大，畢竟，若非媽媽，我是無法自己長大的呀！

不知怎麼的，我突然心中充滿著「對媽媽的感恩」；回到家，我大聲地叫——

「媽，我們又不是狗，我們需要愛！」

「媽，妳在不在？」

當時，媽在廚房忙著，我跑到媽身旁，用這輩子第一次的溫柔，叫了一聲「媽——」並順勢跪了下來，說道：「媽，我對不起妳，謝謝妳！」

我媽被我這個突來的動作嚇壞了，連忙用台語說：「妳幹嘛？妳瘋啦？……」

（至於秀芬這孩子，我很想有機會幫助她，結果如何，請看下一篇……）

戴老師小講台

成龍，是知名的國際巨星，他主演的電影，紅遍了全世界，而成龍更是個「電影工作狂」，只要電影一開拍，他身手十分矯健、也心無畏懼地出生入死，虎虎生威，足跡更是遍佈全世界，忙得不亦樂乎！

然而，也因如此，結婚多年的成龍，錯過了兒子的童年，因他實在沒有辦法陪著兒子長大。一天，成龍從朋友口中得知，他兒子的最大心願是——看到爸爸「成龍」能到學校門口來接他放學回家。

當成龍知道此事後，感慨萬千，也決定在某日提前回香港，到學校門口給兒子一個意外的驚喜。可是，正當成龍在兒子校門口左等右等，全部小朋友都已離開學校時，他卻沒看見兒子的身影；成龍焦急萬分，深怕兒子被綁架。

後來，成龍打電話回家詢問：「兒子回來沒有？」

家人說：「沒有啊，沒看到兒子回來！……你在哪裡等啊？」

成龍說：「我在××小學門口等啊！」

此時家人說：「哎喲，你怎麼那麼笨哪，你兒子已經唸中學啦！」

◎

有位知名電台主持人說：「人經過了二十多年、三十多年的成長，並不一定會做父母。」

也有一位教授說：「沒有什麼科系比『父母學』更重要！」

的確，做個稱職的父母，也是需要學習的。曾有個孩子犯了錯，父親來到學校，不斷指責孩子的不是；然而，這孩子在保持一陣沉默之後，生氣地對他父親說：「爸，你除了給我錢之外，還做了什麼？」

聖經上說：「兒女是神所賜的產業。」做父母的，必須給孩子更多關懷，「讓愛，永不缺席」；而做為兒女，更要體諒父母的「苦心與愛心」啊！

啟示

- 媽媽的手，雖粗糙又結繭，但卻很溫暖，而且是世界上獨一無二的！
- 罵孩子要有建設性；「恐嚇與威脅」，常是孩子的致命傷。
- 世界上的一切，常是假的、虛空的，唯獨父母的愛，才是真正永恆、不滅的。

換上一個「好心情、好嘴巴、好面容」

一整罐滿滿的愛

教育，並非只有課堂上的知識授業，
它還包括許多
「生命教育」和「機會教育」，
讓孩子在生活中學習生命的意義。
所以，名教育家福祿貝爾曾說：
「教育無他，唯愛與榜樣而已！」

從朋友口中得知，南投醫院有個小女孩——小潔，一出生就得了怪病，醫生說這種病叫做「血液中缺乏蛋白C」；也就是說，小潔的血液「缺乏自動造血功能」，因此，打從出生開始，她天天都必須「輸血」。如果所輸的血不夠多，血液無法順暢流通，她的身上就會浮現「瘀青」，皮膚也會一塊塊地潰爛。

也因此，小潔的皮膚到處瘀青、逐漸潰爛，身上已被「千刀萬剮」地切割補洞，雙腳也已被鋸斷；而她的眼睛，一眼是全盲，另一眼只有「零點一」的視力。

一個週五晚上，我和朋友到南投醫院探視小潔，她用「只剩下八根指頭」的小手猛力拍手說：「老師來了，老師來了！」隨後，她抱起洋娃娃，高興地說：「老師，我也是小媽媽耶，我會餵娃娃喝奶奶（ㄋㄟㄋㄟ）耶！」

我偷偷拭去眼角的淚水，並拿出童話書，講故事給小潔聽。

小潔說：「老師，書可不可以借我看一下？」於是小潔把繪有插圖的童話書，拿在眼睛前約五公分處，仔細、吃力地看，並說：「老師，這本書裡的樹下，有好多小朋友哦……我好想有小朋友陪我玩哦……老師，我已經六歲了，可是我不能去讀書，醫生說，我每天都要輸血……老師，我都沒看過其他小朋友耶，我好想去上學、好想有小朋友和我一起玩哦！」

那天回到家裡，我打了一個晚上的電話，一一告訴我班上的小朋友和家長，希望隔天週六早上，能為小潔辦一場「祝福茶會」，也幫小潔完成夢想——「看到好多小朋友，陪她一起玩！」因為，小潔下星期就要到台中榮民總醫院，做心導管之類的大手術，而醫生說，成功的機率只有百分之三十。

那一夜，班上小朋友都很興奮地分工合作，全力配合；大家忙著「做卡片、買禮物、訂蛋糕、畫海報……」並在週六一大早，到學校圖書室佈置場地。

而我，也在早上再到南投醫院，替小潔向醫生請半天假，請她來學校參加小朋友為她舉辦的「祝福茶會」。十一點許，小潔由她爸爸抱著，身上也帶著打點滴輸血的導管，來到了學校；當她一進會場，便高興地叫道：「老師，真的有好多、好多的小朋友哦！」小潔繼續拍著只有八根手指頭的小手，大聲說：「有好多大蛋糕耶，好棒哦，大家趕快來吃蛋糕！」

在場的小朋友、家長、老師……都圍著小潔唱歌，也說許多祝福的話；而小潔沒有雙腳，很小、很輕、很可愛，一些小朋友也都爭相過來抱她。

後來，我把小潔抱到秀芬的手上；此時，秀芬原本倔強、不理人、愛生氣的臉，突然變得十分柔和！當秀芬抱著小潔，很溫柔地觸摸小潔「被截肢的腿」和「僅剩的八隻手指頭」時，她似乎有所感地不斷哭泣、哭泣……

星期一，當我在批閱小朋友作業時，秀芬寫著「小潔祝福茶會的感想」——

「今天，我在學校抱著小潔時，我的眼淚一直流、一直流……我想起我是個非常幸福的孩子，因為，我有手、有腳、有好的眼睛，也有爸爸、媽媽！

我要感謝媽媽，因為聽媽媽說，我小時候身體很不好，常生病，照顧我很費力、不能睡覺……後來，媽媽又生了弟弟，而且，她現在又懷孕了。以前我常恨媽媽，只愛弟弟，不愛我！可是現在我知道，媽媽很累、很辛苦；她要顧家、又要養育我們，她不是不愛我，我真的不應該恨媽媽……我想，比起小潔，我真是太幸福了！」

在課堂上，我將秀芬的「小潔祝福茶會感想」，唸給全班小朋友聽；而從那天開始，秀芬臉上常掛著笑容，心也柔軟許多！同時，班上小朋友也積極為小潔手術後的復健費用，捐出零用錢；不久，大大的「愛心罐」裡已經裝滿了錢。

然而，這時小潔已靜靜地離開了人世；而我，始終還沒有機會把全班孩子們「滿罐的愛」交給她！

戴老師小講台

最近咱們社會亂象叢生，動不動就是「計程車之狼」、「電梯之狼」、「割臀之狼」，甚至還有什麼「吹針之狼」，真是人人自危；做父母的更是擔心，子女出門上學，不知是否能平安回家？

我認識一女孩，年輕唸高中時很叛逆、很討厭父母，也不喜歡學校的老師，認為她總是「被管得太緊」！不過，後來發生歹徒衝入校園、瘋狂潑灑硫酸，導致學生無故被毀容事件後，她突然醒悟，感慨地說：**「我們活到這麼大，都沒有出事、也沒有遭到意外，周圍的人不知道費了多少努力？要不是父母每天盯著我們、學校老師照顧我們，或許我們也很容易遭到意外……」**

真的，我們能順利唸書、上學，並不是我們自己的功勞，而是愛我們的父母、老師，提供我們良好的環境所致啊！否則，就像最近報載，一對母子，在店裡假裝買行動電話，卻偷竊店員的皮包和手機，而負責行竊的兒子只有「七歲」，他們母子竟已偷遍各行各業多年。另外，也有一父親竟帶著「三歲兒子」，從事色情拉客、載送應召女郎的工作，而被警方查獲。

因此，要不是上天的眷顧、父母師長的愛，我們很難平安順利地成長；畢竟有許多不幸的孩子，得了重病、出了車禍、斷了手腳……我們真的已經夠慶幸了呀！

◎

本文中，倪老師適時把握因緣，也運用「對比法」，安排了「小潔祝福茶會」，大大的「愛心罐」裡已經裝滿了錢。
然而，小潔卻已離開了我們。

讓小朋友親眼看到他人的不幸，並感受到自己「何其有幸」，進而感恩父母！

其實，教育並非只有課堂上的知識授業，它還包括許多「生命教育、機會教育」，讓孩子們在生活中學習「生命的意義」。

所以，名教育家福祿貝爾曾說：「教育無他，唯愛與榜樣而已！」

願老師、父母的愛和榜樣，能伴隨孩子們，天天快樂成長。

啟示

- 法國作家艾爾威·巴森說：「可以更換襯衣、工作、信仰；可以更換一個妻子，但，不能更換孩子。」是的，孩子不能換、父母也不能換！雖然父母、子女的「血緣親情」不能換，但彼此的「溝通心情」卻能換。
- 換上一個「好心情、好嘴巴、好面容」，親子互動將會更美好！

「安靜下來，真好。」——寧靜最美！

搖頭晃腦、擠眉弄眼的小頑子

下課時，
一些小朋友圍著阿雄，
指責他，說他的不是；
只見阿雄很難過地，
獨自跑到操場中央，用力甩著頭，
對著天空大聲地哭喊、吼叫……

有一陣子，我很怕天亮，因為一到天亮，我就要上班，就要看到一些「令我頭痛的學生」。阿雄就是其中一個，因他幾乎「一分鐘都靜不下來」；上課時，他總是愛交頭接耳地講話，不然就是站起來，像周遊列國一樣到處走動，甚至還會「尖叫」！而且，當他四處走動時，腦袋會晃來晃去，還不斷頑皮地「眨眼睛」，眨得好快。

真的，對阿雄我很頭痛，因他十分好動、不肯靜下來學習，又常擾亂全班秩序。

有一次，我又看到阿雄亂走動、不坐下來，就很生氣地大聲斥責他：「阿雄，坐下，坐下！……你不要再一直走動、一直亂眨眼睛好不好？你這樣很神經你知不知道？」我提高嗓門對他吼道：「你可不可以安靜下來，讓老師上課？」

此時，阿雄低著頭，流著眼淚，沒說什麼話。下課時，一些小朋友圍著阿雄，指責他、說他的不是；只見阿雄很難過地，獨自跑到操場中央，用力甩著頭，對著天空大聲地哭喊、吼叫……

隔著窗戶，我看到了阿雄，我的心也一下子揪緊了起來。阿雄，他……幹嘛對著天空大聲哭叫？……

下堂課，是體育課，小朋友都已經在運動場上排好隊伍，準備賽跑。當時，我對全班小朋友說：「老師需要一支粉筆，誰可以幫老師拿一支粉筆來啊？」

這句話，全班小朋友都聽到了，可是沒有一個人有動靜；只見阿雄一個人，搖頭晃腦地往教室理跑；他搖著頭，也晃著身子，到教室裡拿一支粉筆來給我。

當時，看到阿雄的背影，我的眼眶紅了！我心想——他，不笨，也不壞，也聽得懂我在說什麼，只是，可能他身上的某些部分有些失調，導致他的頭「左右搖晃」、「不斷尖叫」、「不停地眨眼睛」、「靜不下來亂走動」……

在夏天季節，我們學校的樹上總是充滿著「蟬鳴聲」，也因曾有一小朋友從樹上掉下來，頭破血流，所以校方就嚴格禁止小朋友「攀爬樹木抓蟬」。

可是，有一天，阿雄在下課時又不聽話地爬上樹抓蟬，小朋友也來告狀；我氣得叫他進來，問他：「你剛剛跑到哪裡去了？」

阿雄撇著嘴、低著頭、不敢動，也沒說話；然而，很多隻蟬都一一地從他的口袋裡爬出來，爬上他的頭、他的臉，也爬在他的身上；而他滿頭的汗水，就滴在身上的蟬隻上；他的眼睛，仍然不停地眨著、眨著。

看到這一幕，我雖很生氣，卻也和其他小朋友一樣，忍不住地噗哧笑了！

那天，我想，也許小朋友對「蟬」有興趣，希望多了解蟬，就叫小朋友到圖書館收集蟬的資料。後來，沒想到阿雄很有心得地對我說：「老師，蟬是喝露水的哦！而且，蟬的幼蟲在地底下都要待一年以上，才能生出來耶！」

「對，有些『美洲蟬』在地底下要待上十七年，才會生出來，才會爬出地面，但蟬活著的時間只有『不到一個星期』，所以蟬才要抓住機會『引吭高歌』，不斷地在樹上鳴叫、唱歌。」我補充說道。

幾天後，我的小孩生病、發高燒，我送他到醫院看診；在候診時，我不經意看到佈告欄上貼著「醫學新知」的剪報，上面寫著——**「小孩搖頭晃腦、擠眉弄眼、好動、尖叫……是『妥瑞氏症』！」**

當時，我愣了一下，才恍然大悟，這……這不就是阿雄的症狀嗎？我一直大聲罵

「老師，妳看阿雄不聽話，
一下課，就爬上樹抓蟬！」

他、斥責他，真是誤會他了……其實那只是他生病的一種症狀而已啊！隨後，趁看診時，我向醫生要了一些「妥瑞氏症」的資料，也影印交給阿雄的爸媽，請他們帶阿雄到醫院檢查。

如今，阿雄的病情漸漸受到控制，而他從自然課「養小雞、種地瓜、種豆子……」中，開始喜歡養育東西，也學習「安靜下來」！有一次，某電視台記者來採訪，問阿雄說：「在這個班級，大家一起上課，你學到了什麼？」

他想了一下，緩緩地說：**「學到了『安靜下來，真好。』——寧靜最美！」**

戴老師小講台

人對於一種現象，都會加以「歸因」，並做「判斷」。例如，看到一個孩子很好動、調皮，就會覺得他可能「家教不好」，是個「不聽話的壞孩子」。然而，人的認知與理解有限，所以在歸因時，就可能產生「誤差和誤解」。

就如同本文故事一樣，倪老師對阿雄過動的現象不了解，以為他「愛作怪、好動、不學習，只會擾亂秩序」；豈知他過動的現象是「生理上的疾病」，需要就醫治療，並給予更多的關懷啊！

因此，老師在被激怒時，不要立刻怒不可遏；不妨靜下心，心存體諒，了解孩子犯錯的真正原因為何？不要用一般的眼光去指責孩子，以避免造成「歸因謬誤」的遺憾。

同時，不聽話、故意搗亂、破壞性高、不受歡迎或無法維持親近和諧關係的孩子，他們的障礙可能是「腦部問題」所造成，使他們不易將想法和行動連接起來；這些孩子，有學習障礙，也有人際互動障礙或常情緒不佳，都可能屬於「高危險群」之一，極需接受專業醫師的治療，免得他們一直被老師、同學誤解為「壞孩子」，導致心生挫折和煎熬。

◎

一個老師最怕被自己的「負向念頭」阻礙了溝通，因為每個人都有「偏見、好惡和刻板印象」，都會影響到對他人的接納程度。

不過，老師總要「克服急躁、學習耐煩」；在碰到令人傷腦筋、不聽話、愛搗蛋的孩子時，不妨學習讓自己的心情「及時逆轉」——想想，他是不是有什麼挫折？是不是需要深入了解、引導？會不會生理上有何疾病？……

啟示

- 老師要幫助一個孩子很容易，但在無意間，去殘害一個孩子的心靈，也是易如反掌，我們為師者不可不慎啊！
- 每個人都像是一本書，都值得我們用心「去讀、去學、去愛」；當我們真正用心時，就可以從他人的身上吸收到菁華，並填補自己的不足。

愛，就是好好地「給予」和「對待」

老師，妳還有一個窗戶沒關好

我常在想，我們做老師的，
也許不是我們「教什麼、講什麼、說什麼」，
學生就會牢記在心裡；
相反地，或許我們在學生最需要時，
為他做一點小小事情、感動了他的心，
他則會用最大的愛，來回饋老師！

剛開學時，要三年級的小朋友上台「自我介紹、互相認識」，是有些困難的，因大家都很害羞；於是，我就叫每個小朋友做一本「我的書」——我發給每個小朋友一大張圖書紙，裁剪成數頁……

第一頁畫「自畫像」，介紹自己；

第二頁貼一張與家人的合照，或自己最得意的照片；

第三頁畫自己最喜歡的運動；

第四頁談自己最喜歡吃的東西；

第五頁說說自己最怕什麼？……

每個小朋友都可以用最有創意的方式，用畫、用寫、用照片，來呈現自己的特色、專長、喜好。完成後，我就把小朋友的「我的書」放在教室後面展覽，大家相互觀摩；而我也可以利用這些資料，知道小朋友的興趣，以利溝通、互動。

幾天後，正當小朋友在課堂上很開心地塗畫「我的書」時，志忠竟然哭了！我叫他過來，問他怎麼啦？他哭喪著臉，用十分鄉土的台語對我說：「老師，我沒有照片

ㄋㄟ……我要怎麼辦？」

「你連一張照片都沒有啊？」我奇怪地問。

「對啊，我們家在九二一大地震時，房子全都倒掉了，我真的連一張照片都沒有ㄋㄟ……」志忠一邊低泣、一邊說著。

我萬萬沒想到，現在的小孩，會「連一張照片都沒有」；也忘了，志忠山上的家，在地震時全倒了，能逃過一劫已經是十分慶幸了，哪能再去斷垣殘壁中找照片？也因為志忠的家全毀了，他爸媽正在找新工作，才會把他送下山給外婆帶，並轉學到我的班上來呀！

此時我心中一陣內疚。不過還好，平常我就在皮包中帶著一台「袖珍型相機」，所以我告訴志忠：「沒照片沒關係，別哭，老師有相機，老師馬上幫你拍一張！」

於是，我牽著志忠的手到教室外，叫他選一個景，立刻為他拍照；而他，也破涕為笑，尷尬又害羞地，雙手做個V字型手勢「耶——」

您知道嗎，就因為拍了這張照片，志忠竟然變成我最「死忠、貼心」的學生。

他說，他要當「最後長」——每天都要最後一個離開教室！他總是自動自發地幫我把所有的窗戶都關好、把地掃乾淨，才笑咪咪地跟我說：「老師謝謝，老師再見！」

有一個週六，志忠來學校上課時說，他身體很不舒服；結果發現，他全身長滿疹子，我立刻打電話叫他外婆來接他回家、帶他去看醫生。

那天中午放學，志忠去看病，我只好自己將每個窗戶一一關好；當我準備離開教室時，我聽到窗戶外頭有個台語聲音說道：「老師，妳還有一個窗戶沒關好！」

那時，我真是嚇壞了！誰啊？……是誰在窗戶外說話？

原來是志忠，他外婆帶他去看醫生，可是，他還惦記著他是「最後長」，必須關窗戶；而他也不放心我這「烏龍老師」，竟在看完醫生後，立刻跑回來查看老師的窗戶有沒有關好？而當我仔細一看——真的有一個窗戶沒關好！

我常在想，我們做老師的，也許不是我們「教什麼、講什麼、說什麼」，學生就會牢記在心裡；相反地，或許我們在學生最需要時，為他做一點小小事情、感動了他

家在地震中倒了，可是老師幫我拍了一張照片耶！

的心，他則會用最大的愛，來回饋老師！就像志忠「貼心的愛」一樣。

所以，有時夜闌人靜時，我總會依稀聽到那突來的台語聲音——「老師，妳還有一個窗戶沒關好！」每憶及此，我就有一股想流淚的感動。

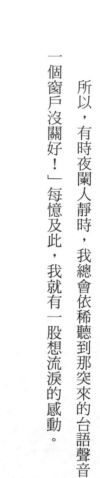

戴老師小講台

有一次我搭公車，看見一老太太快下車時，突然發現她的錢包被扒走了。老太太很著急地告訴司機：「怎麼辦？我的錢都被扒光了，也沒錢付車票了……」

這時司機很和藹地說：「沒關係，沒關係，妳不要急，丟了什麼東西，妳慢慢想，車票錢，妳不用付了，我幫妳付就好了……妳等一下要記得打電話報警哦！」

聽到司機這麼一說，老太太非常感動，一直彎腰說謝謝，並問司機說：「你叫什麼名字？我要打電話去跟你們站長講，說你人很好、很親切……也要寫信給你們公司，叫公司表揚你！」

其實，對這司機來說，他並沒有做什麼偉大的事，只是在老太太最需要的時候，給她一些口頭安慰和免車票錢；不過，在老太太眼裡，司機是個「大好人」，解決她當時的困境，因此，想儘可能地回報司機。本文中的故事也是一樣，倪老師幫志忠拍一張照片，原本只是件小事，但志忠卻惦記在心，並心懷感恩、亟思回報。

我常在想——**愛的教育，源自「健康的師生對話」。**

教師的愛，就是「好好地給予和對待」。

有些老師在與孩子說話溝通時，不僅是個「溫和」的人，還是個「溫柔」的人，嘴巴上常掛著「沒關係」、「不要緊」的溫馨話語，緩和了彼此緊張的情緒，也平靜孩子的焦慮、害怕心情。

所以，老師的「聆聽、安慰和笑」，是個偉大的力量，可以促使師生有更良好的溝通。

同時，也有些老師隨時準備「小相機」，為小朋友留下精彩的鏡頭；或準備「小攝影機」，拍下小朋友活潑可愛的身影，並在班上播放，甚至拷貝送給小朋友帶回家與爸媽分享……這種老師的熱忱與創意，常讓孩子與家長鼓手叫好！（現在大家都有手機，隨時可以拍照、錄影，更是方便了！）

啟示

- 「行動的力量，比任何智慧都還重要。」老師愛的行動，將使孩子永銘在心！
- 學生問題的解決，不只是要「用腦」，還要「用心」！
- 老師是孩子生命的啟發者，所以，「人師勝於經師，身教重於言教。」

動作有同理心，情緒就好安撫

「別再幫老師擦鞋子啦！」

當我們生氣、憤怒時，心中都有一股「氣」，
但我們可以決定這股「氣」的走向。
假如我們讓氣「往內」走，
它很可能成為「壓力或暴怒」；
假如我們讓氣「往外」走，
它就可能冷卻消散，也令人感到放鬆！

在一個班級裡，總會有一兩個令老師頭疼的學生。

那年，小強就是班上讓我頭疼的「小皮蛋」，因為他來學校時，衣服常沒穿好，鈕子沒扣好，而且從頭到腳都髒髒的。所以，每次我看到他，總會對他說：「小強，你過來，你已經是長大的孩子了，怎麼不會洗臉？……衣服也不扣好，來，老師幫你扣好……你看，指甲這麼長，也不剪，來，老師幫你剪！」

就這樣，每次看到小強，我就叫他過來，幫他扣鈕子、整理儀容；但，他自尊心很強，幾次以後，覺得很丟臉，所以遠遠看到我時，就故意閃躲著我。

一個週末，我到菜市場買菜，看到小強和父母一起在市場裡叫賣，這時我才知道，小強的爸媽是「賣溪蝦」的小販。

閒談中，小強的媽告訴我，他們夫妻每天清晨兩三點就要起床，到山裡的溪邊抓溪蝦，天亮時，再把抓到的蝦拿到市場裡賣。而小強，每天早上醒來，爸媽都已出門，但他還必須照顧弟弟，所以常來不及上學，只好隨便穿著衣服、拎著早餐，邊走邊吃地走到學校。

聽了小強的媽媽這麼說，我的心一陣難過——也難怪小強每天衣服沒穿好，鈕子也沒扣好、臉沒洗乾淨……

一天，天空突然下起雨來，我叮囑班上小朋友，下課時最好留在教室，或到圖書館看書，「不要到屋子外面淋雨，免得感冒」！可是，才下課沒幾分鐘，就有小朋友跑過來對我說：「老師，妳看那個小強，都不聽話，他故意站在外面淋雨！」

說真的，當老師最生氣的就是——「話才剛說完，卻有人馬上故意去犯！」

當時，我往外一看，只見小強一個人站在走廊的屋簷下，「身子一半淋雨、一半沒淋雨」，英雄式似的，故意淋給其他小朋友看。

後來，上課鈴響了，小強最後一個衝進教室，他全身淋得溼答答的，也一邊拍打身上的雨水，一邊甩著頭。我一看，一股「無名火」湧上心頭——這孩子，真是叛逆，真是不聽話，可惡！

以前的我，若看到這一景象，一定是先把這學生臭罵一頓或先打一打！可是，我想到，我必須「**先處理心情、再處理事情**」；而且，我的腦中也浮現在菜市場上，看到小強和媽媽在「叫賣溪蝦」的一幕，我的心，突然感到「一陣不捨」。

我靜下心一想——**「做老師的，不就是要用媽媽的愛心來對待學生嗎？」「學生到學校來，老師不就是他學校的媽媽嗎？」**

又想——**一個做媽媽的人，若看到孩子淋溼了，會做什麼？豈不是趕緊用乾毛巾幫孩子擦乾？**

於是，我拿起抽屜裡的乾毛巾，把小強的身子從頭到腳擦一擦；也拿出一件舊衣服（以前小朋友遺落、沒人認領，我洗好的舊制服）給他換穿；再拿出吹風機，幫他把頭髮吹乾。

當我在做這些動作時，小強都是「背對著我」；顯然地，他一定又認為，老師在同學們面前對他做這些事，實在是「很丟臉」、「很沒面子」。

當全班同學看著我幫小強吹頭髮、吹風機呼呼作響時，小強，他……慢慢地……轉過頭來！他的眼睛，充滿著淚水，突然抱住我，並說了一句話：「老師，對不起！……從今天開始，我都要聽妳的話！」

「叫你不能出去淋雨，
你偏偏出去淋雨，真可惡……」

我一聽，眼淚也忍不住地掉了下來。

小強，你知道嗎，你這句話，老師等了兩年了！從教你的第一天開始，老師就期待你「變乖、聽話、不要故意叛逆……」

小強這孩子，真是有義氣，他說到做到！所以從那天開始，他變成一個很好的學生，每天把衣服扣好、臉洗好、專心上課，不再頑皮、搗蛋；下課時，他更是自動地拿一條抹布來幫我擦桌子、椅子，甚至幫我「擦鞋子」。

我常想叫他「不要擦鞋子」了，因我的鞋子還算乾淨啊！可是小強的好意和愛，讓我不忍心拒絕。所以，那雙漂亮的「絨布鞋子」，被小強天天擦、擦不到一個月，鞋面就被擦破了！哈！

不過，我一直把那雙絨布鞋子留著，因為那是我和小強之間，最美好的回憶啊！

戴老師小講台

常聽到「以柔克剛」的話，但是要落實在日常生活中，恐怕就沒有那麼容易做到；尤其是，對孩子規定哪些事不能做，偏偏孩子又故意去犯，這……簡直是挑釁老師！

教育專家指出，「每個人都是自己的國王」，都有自己的想法和見解；但在面對權威時，「順從者」會對權威者的話照單全收，但「反抗者」會採取不合作或抵制的態度。

然而，如何使反抗者順服呢？本篇故事中，倪老師採取了「以柔克剛」的方式——**「不必說教，不必訓話，做，就對了！」**——幫叛逆的孩子把身子擦乾、也吹乾頭髮；藉著「動作同理心」，來安撫孩子「驚惶、恐懼的心」，使孩子的心情逐漸緩和下來，也感受到老師的愛和溫暖。

因此，**解決問題時，「冷卻情緒，轉移焦點」是很重要的動作。**

當我們生氣、憤怒時，心中都有一股「氣」，但我們可以決定這股「氣」的走向。

假如我們讓氣「往內」走，它很可能成為「壓力或暴怒」；假如我們讓氣「往外」走，讓它冷卻，並往外消散，則情緒將會因焦點的轉移，而感到放鬆。

其實，「動作同理心」與「言語同理心」都同等重要，都能使對方感受到「被關愛」的溫馨；而一個懂得善用「雙重同理心」的老師，必能緊緊抓住孩子的心，使孩子樂於親近並心悅誠服！

啟示

- 一個拳頭打過來，最好用「布」包住它；用拳頭還擊拳頭，是很痛的。
- 「動作有同理心，情緒就好安撫。」
- 適時轉移焦點，別讓犯錯的孩子，一直處於「恐懼、害怕」的心境之中。

蚊子一起衝鋒，大象也會被征服

貧窮的學校，也有美麗的教育

週三下午，小朋友們都戴著斗笠，也帶著鐮刀，大家擠坐在阿盛爸爸開的「破鐵牛車」上，也有小朋友自行騎著腳踏車，目標——隔壁村的荒田；任務——割稗草！

什麼是「稗（ㄅㄞˋ）草」？可能很多小朋友，甚至老師，都不太清楚。說真的，以前我剛當老師時，也不知道「稗草」是什麼東西？

話說，三十多年前，我在鄉下教六年級。在畢業時，校長希望我們「忠、孝」兩個畢業班學生，能送給母校一個「大型立鐘」，做為永久的紀念品。校長說，一個大型立鐘估價是五千元，所以咱們忠、孝兩班，必須各募集二千五百元，一起合買。

當時，我的薪水只不過是七、八千元，而要國小畢業學生募集「二千五百元」，真是一大數目！因為，我教的「孝」班學生，都是貧窮的農村子弟，不像「忠」班的小朋友，都是眷村子弟，家長的經濟稍好，所以他們的二千五百元，一下子就募齊，而我們孝班，快到畢業典禮時，卻只募到「五百元」而已。

正當我為此事心煩時，阿盛跑來對我說：「老師，現在不是都在割稗草嗎？我們大家可以一起去割稗草、拿去換錢，再捐給學校當紀念品啊！」

我一聽，對啊，我們可以一起去「割稗草」來換錢啊！

其實，我本來根本不知道「稗草」是什麼，後來才弄清楚——稗草，是生長在稻子旁、很像稻子的野草；它也會結穗，但它的穗裡並沒有米粒，卻會影響到稻米的成長。也因此，鎮公所或農會都會鼓勵農民「把稗草割除」，來增加稻米的收穫量；而割除的稗草，公家會以「一公斤一元」的價格來收購。

經由阿盛的提議，我和全班二十九位學生，就利用週末下午，到學校附近的稻田，央求地主給我們割稗草。結果，割了兩個下午，我們總共只割了「一百公斤」，換來了「一百元」。

天哪，我們全班累得要命，卻只換得一百元，距離二千元還是很遙遠啊！我的心，依然很擔心、很愁煩。然而，星期一，當阿盛來學校上課時，他很高興地對我說：「老師，妳不要再擔心了，我們的問題可以解決了！」

「怎麼樣？你想到什麼辦法？」我急著想知道。

「老師，我已經跟我爸爸商量好，他可以去借一輛舊鐵牛車，載我們到隔壁村的田裡去割稗草。」阿盛興奮地對我說：「我爸爸說，他知道那裡有一大片荒蕪的田，已經好久沒有耕種，全部都長滿稗草；如果我們能一起去那裡割，一定可以割到很多、很多的稗草……」

哇，這真是太好了！我在課堂上告訴小朋友這個好消息，同時決定——星期三下午，我們全班一起去隔壁村割稗草。

週三下午，小朋友們都戴著斗笠，也帶著鐮刀，大家擠坐在阿盛爸爸開的「破鐵牛車」上，也有小朋友騎著腳踏車，目標——隔壁村的荒田；任務——割稗草。在那兒，雖然炎熱的夏日太陽曬頭頂，但沒有人發怨言，大家都揮著汗、努力地割稗草，也把一撮一撮的稗草堆放在田埂旁；稗草愈積愈高，大家也就愈興奮！而我，也是第一次戴斗笠、彎著腰，動作笨拙地和小朋友們一起割稗草！在那下午，時間半小時、一小時、兩小時不斷地過去，每個小朋友都是「汗流浹背」，小小的臉蛋也都曬得「紅通通的」；然而，大家在一大片稗草田裡，手握鐮刀，一直割、一直喜悅地往前推進……

到了傍晚，太陽下山，您知道嗎，我們居然把一大片雜蕪的稗草田「割得精光」；當鎮公所人員來清點割除的稗草、秤重量時，全班小朋友都睜大眼睛，站在旁邊一直

「只要同心協力，全班一條心，
就沒有做不到的事」

盯著看——一百公斤、三百公斤、五百公斤、一千公斤……一千兩百公斤、一千五百公斤……一千九百公斤……一千九百八十三公斤！

「哇，哇！耶——耶——」全班一時大聲歡呼！我們竟然割了「一千九百八十三公斤」，可以換得「一千九百八十三元」！

當我拿到鎮公所人員給我的一大疊百元鈔票時，我一張張地仔細數算，心裡真的好激動、好感動！孩子啊，我們終於完成了一項「不可能的任務」！

我和小朋友揮著斗笠、擦著汗水，全身「這裡癢、那裡也癢」，腳也被小蟲叮得到處是「小紅斑點」，然而，心中卻是無限的歡喜、無比的快樂！

隔天，當我們班把「二千五百元」交給校長時，校長很驚訝地問道：「你們孝班是怎麼做到的？」

班上小朋友七嘴八舌地告訴校長——「我們全班一起去割稗草啊！」

而阿盛也驕傲地說——**「只要同心協力、全班一條心，就沒有做不到的事！」**

戴老師小講台

咱們的學校教育資源，分配得並不平均，所以有些大城市的學校經費很多，但有些鄉下學校則是十分拮据，經費少得可憐。然而，「貧窮的學校，也有美麗的教育！」就如同本文割稗草的故事，學生對學校的愛，以及無限的創意，終於使他們發揮「我群意識」與「團隊精神」，共同達成幾乎不可能的任務！

其實，學校的「學科分數」並不是絕對的重要，重要的是孩子的「生活教育」和「人與人之間的互動」；**假如孩子們從小就養成「互助合作、犧牲奉獻、不求回報」的精神，願意在困難中、在大太陽下，毫無怨言的付出，這豈不是「最美的教育」？**

◎

此外，「創意」也是教師們可以不斷培養孩子的重點。

有位國中老師，在畢業典禮前，要求孩子們寫下班上「每個同學的優點」。當時，每個孩子都十分納悶，寫這些做什麼？

可是，在畢業典禮後，老師集合了全班孩子，按照名字發給每個孩子「一大張對摺、有彩色插圖的紙」；翻開後，每個人都驚訝地發現，裡面有各種不同的字跡——原來都是其他同學所寫的「自己的優點」。

當同學們仔細閱讀，才知道，在別人眼中，自己竟有那麼多的優點。而老師更是在離別前，告訴孩子們：「**以後失意時別難過，記得打開這大張紙看看，自己有這麼多優點！**」

這老師的「細心、耐心和愛心」，再加上「創意」，讓孩子們一輩子永難忘懷。

啟示

- 同心協力，就沒有做不到的事；就像「蚊子一起衝鋒，大象也會被征服。」
- 只要發揮團隊精神，「懷著希望，就有希望；一心成功，必能成功！」

Part 4

用愛的今天，點亮孩子的明天

吵架時，別「只顧要面子，忘了照鏡子」

用愛的班歌，唱出感恩的心

我媽媽大聲地罵我爸爸，
我爸爸也大聲回罵，
兩個人罵來罵去、愈罵愈兇！
我媽說：「我真倒楣嫁給你！」
我爸也說：「我瞎了眼才娶妳！」……

小朋友剛入學時，總有一大堆不放心的家長，陪著小朋友到學校上課，所以教室內家長的人數常比小朋友還多，而且整間教室鬧哄哄的，像菜市場一樣。而為了安靜小朋友的心，我學會了一首歌，也教小朋友們唱：

「我有一個好爸爸，也有一個好媽媽，
他們養我、育我，恩情真偉大！
我愛我的好爸爸，也愛我的好媽媽，
我要用功讀書，永遠敬愛他！」

由於這歌曲旋律簡單、又好唱，小朋友教了一兩遍，就可以琅琅上口，而且，小朋友童稚的聲音很可愛，也愈唱愈大聲！

後來，這首歌變成我們班上的「班歌」，每次唱完班歌，我就請全班小朋友雙手合掌，靜默祈禱，也在心中對親愛的爸爸媽媽，說一句「真心祝福的話」。

四年級時的某一天，小婷站到講台上來，分享她的心情故事：

「前幾天，我爸爸出去應酬、喝酒，喝到很晚才回來，我媽媽就很生氣，和我爸爸大吵一架！我媽媽大聲地罵我爸爸，我爸爸也大聲回罵，兩個人罵來罵去、愈罵愈兇……

我媽說：『我真倒楣嫁給你！』我爸也說：『我瞎了眼才娶妳！』……他們一直吵，吵到要離婚，我……我真的很害怕！萬一爸爸媽媽真的離婚了，我要跟誰？……要跟爸爸，或跟媽媽？……

那時，我一個人躲在沙發旁哭，不知道怎麼辦才好，我……我真的很怕他們會離婚哦……。這時，我想起老師教我們唱的班歌，所以我就一句一句、小聲地唱：『我有一個好爸爸，也有一個好媽媽，他們養我、育我，恩情真偉大！我愛我的好爸爸，也愛我的好媽媽，我要用功讀書，永遠敬愛他……』」

在一片安靜的教室裡，小婷繼續說道：「我一遍又一遍地真心唱著，我爸媽卻一直吵，根本聽不到我在唱什麼？直到他們吵架暫停的時候，我趕快把握機會大聲唱：『我有一個好爸爸，也有一個好媽媽……』後來，我媽聽懂我唱的歌詞時，她忍不住哭了，一個人衝進房間去。

這時客廳裡只剩下我和爸爸，我又繼續唱：『我有一個好爸爸……』這次爸爸聽到了，也聽懂了，他對我說：『好了，不要唱了！』後來我爸爸也進房間去了。

隔天一大早，我起床時，看見我媽在煮稀飯，我爸在煎荷包蛋，不再吵架了！」

也有一次，在縣政府所舉辦的「小班教學研習會」結束後，一位女老師笑咪咪地走過來，緊握著我的手，告訴我：

「倪老師，謝謝妳的好班歌！以前我就聽過妳的演講，我本來以為班歌只適合低年級的孩子們唱的，沒想到，畢業班的孩子們也很喜歡唱；甚至在畢業晚會時，我們班孩子還用這首班歌做為表演節目……妳知道嗎，當時，我們全校親、師、生一起手牽手大聲『唱班歌』時，那溫暖的一幕，好感人，至今仍縈繞在我眼前……謝謝妳，倪老師！」

其實，是我該謝謝許多好老師們才對！謝謝大家願意把這首「良善與愛」的班歌四處教唱、散播，也溫暖孩子們的心！

事實上，在我們每個人的內心深處，都是個可愛的小小孩，而這顆永遠不變的赤子童心，將會帶領我們走向「喜悅、美善」的方向。

如今，當我有機會在各地與家長、老師、學生們分享教學心得時，我還是喜歡帶大家一起唱班歌——

「我有一個好爸爸，也有一個好媽媽，他們養我育我，恩情真偉大……」雖然老師、家長的年紀都不小了，但我仍可以看到他們的「真稚童心與溼紅眼眶」……

我一個人躲在沙發旁哭，
也真心地唱著「班歌」！

戴老師小講台

在拙作《一本最好用的溝通書》中，曾提及本篇班歌的故事，有許多老師、家長來信和電話表示，故事很感人，也希望能學會唱這首「我愛爸媽」的歌曲。因此，本書再次收錄這篇故事，並於文末附上該曲的簡譜，以利讀者們自行學唱。

其實，班上若有一首「班歌」，將使學生之間的「凝聚力」增強，師生之間也會更有「一體感」，並拉近彼此間的距離；而孩子們回家時，若能將班歌唱給爸媽聽，也必能使辛勞的爸媽倍感溫馨。

曾有教育學者說，**班級是一種「共命鳥」，家庭也是「共命鳥」，彼此是互相依存、共榮的！**老師可以將班級經營得「很團結、很上進」；父母也可以將家庭經營得「很甜蜜、很幸福」！然而，這都需要用智慧，凝聚彼此的感情，讓師生之情、親情不斷加溫、加熱。

有個媽媽在睡前，提醒正要禱告的兒子，要為自己「經常和妹妹吵架」的缺點禱告；可是，兒子禱告時卻說：「神啊，求求您，讓媽媽能夠溫柔一點！」哈！

事實上，我很喜歡「我愛爸媽」這首班歌，也常在想像，本篇故事中，正在大聲吵架的爸媽，聽到孩子唱著「我愛爸媽」的情景……。

有句話說：「全家人在一起的地方，就是家。」的確，願全家人在一起的地方，都是家，也是「愛心銀行」——一個經營「愛和幸福」的銀行。

啟示

- 「兒女」是父母最重要的職業。父母賺再多的錢，孩子卻變壞了，又有什麼用？
- 父母吵架時，雙方都面紅耳赤、互不相讓；但不能「只顧要面子，忘了照鏡子」哦！
- 多欣賞孩子、肯定孩子、鼓勵孩子，親子溝通就沒煩惱。

我愛爸媽

5 5 5 3 1 1 1 | 2 2 2 7 5 5 5 |

我有一個好爸爸　也有一個好媽媽

5 5 1 3 5 3 | 6 5 32 1 2— |

他們養我育我　恩情眞偉大

5 5 5 3 1 1 1 | 2 2 2 7 5 5 5 |

我愛我的好爸爸　也愛我的好媽媽

5 5 1 3 5 3 | 2 1 3 2 1— ‖

我要用功讀書　永遠敬愛他

教育是「點一盞燈」，不是「補一個洞」

媽，對不起，都是我的錯

那一夜，
媽媽跟我講了一個故事，
講到一半，媽媽的聲音哽咽了，
故事也說不下去了。
媽媽一跛一跛地走到浴室裡去，
靠著牆，暗自地擦眼淚……

有一個星期三早上，我告訴班上小朋友：「今天下午，老師要開始輪流到你們家做家庭訪問，好不好？」全班小朋友聽了，都很高興，但也有小朋友難過地說：「老師，我下午要上安親班耶！」「老師，我下午要學電腦耶！」「老師，我下午要學畫畫……」

我說：「沒關係，老師就先到沒課、沒事的小朋友家，做家庭訪問。」

此時，我看到小輝低著頭，似乎「面有難色」；後來，他抬起頭問我：「老師，妳真的要到我們家啊？」

「對啊，老師要去做家庭訪問啊！怎麼？你不方便嗎？」

「不是啦，我……我……」小輝吞吞吐吐的，沒說什麼。

「如果你覺得今天下午不方便的話，沒關係，老師下個星期三下午再去好了。」

我對小輝說：「我們就先這樣約定好不好？」

那天，我給小朋友的家庭作業是「日記一篇」，寫下當天的生活與心得。

隔天，當我在批閱小朋友的日記時，看到小輝在日記簿上寫著──（大意）

今天老師說，下星期三下午要到我們家來做家庭訪問，我真的很煩惱！我把這件事告訴媽媽，媽媽說：「老師來家裡訪問，沒有什麼不好啊！」可是，我心裡真的很煩惱，我真的很不希望老師到我們家來。

後來，媽媽似乎了解我的心意，所以，晚上當我寫完功課時，媽媽步伐緩慢地走過來，幫我在聯絡簿上簽完名，並對我說：「小輝，媽媽想說個故事給你聽……」

媽媽說──從前，在鄉下，有個三歲的小女孩，在深夜裡發了高燒，燒到四十度，她爸爸媽媽想，先吃個「退燒藥」就好了。可是，吃了藥，小女孩還是高燒不退。隔天，她爸媽帶她到鎮上的小診所看醫生，也吃了藥，但病情仍不見好轉。等到三天後，小女孩的爸媽才帶她去大醫院看醫生，可是，醫生搖搖頭說：「太慢了……來不及了，這小女孩發高燒太久了，她……她得了小兒麻痺症了……」

從此，這小女孩的腳變得萎縮，走路一跛一跛的，很緩慢，也很吃力、很不方便！

而小女孩的爸媽，常為了這件事大聲吵架，並彼此指責對方：

「都是你的錯，是你說先吃退燒藥就好了！」

「都是妳的錯，是妳說先到小診所看病就好了！」

一天，小女孩的媽媽受不了天天與先生吵架，就憤而離家出走了！

那一夜，小女孩的爸爸喝了不少酒，借酒澆愁。這爸爸喝完一大瓶酒後，轉過身，看著行走不便、坐在床邊的小女孩；爸爸突然掉下眼淚、抱住她說：「都是我的錯……都是我的錯！是我害妳變成這樣子！」

講到這裡，媽媽的聲音哽咽了，故事也說不下去了。媽媽一跛一跛地走到浴室裡去，靠著牆，暗自地擦眼淚。

原來，媽媽講的是「她自己的故事」。我……都是我的錯，我實在不應該讓媽媽這麼悲傷、難過的！媽，對不起！

看著小輝的日記，我的眼眶不禁紅了起來，淚水也不自主地掉了下來。

我真的不知道，我的家庭訪問會帶給小輝這麼大的煩惱和負擔！後來我告訴小

「小輝，
媽媽想說個故事給你聽……」

輝：「如果覺得老師到你家不方便，老師暫時不去，以後等你方便時再去。」

此時，小輝微笑地對我說：「老師，沒關係，妳下星期三下午可以到我家做家庭訪問，我們就這樣約定好了！」

戴老師小講台

有個三歲的小女孩，經常發燒、感冒，甚至有癲癇的症狀。一天，這小女孩在大哭之後，突然倒躺在地上，口吐白沫、雙眼翻白、身軀僵硬，任憑在旁的媽媽怎麼搖，都搖不醒她。

怎麼辦？小女兒癲癇發作了，怎麼辦？正當媽媽急得不知所措時，她用手撐開女兒的嘴巴，以防止女兒咬斷舌頭；然後用自己的嘴巴，吸住女兒的鼻孔，把女兒鼻腔內黏稠的鼻涕全部吸出，以避免女兒因鼻涕太多窒息而死。

事後，有救護人員說，用嘴吸鼻涕很不衛生，應該是用「吸痰器」比較好！然而，在那緊急的情況下，哪裡去想、去買、去用「吸痰器」啊？

儘管媽媽也知道，把又黏又稠的鼻涕吸到自己的嘴巴裡，是令人反胃、作嘔、噁心的，但是，就因為「愛」——一個媽媽無私無悔的愛，只要能救活女兒，哪怕是再怎麼惡臭難聞的東西，媽媽都願意吞嚥承受啊！

◎

本文中的小輝，原本認為媽媽有小兒麻痺，一跛一跛，很丟臉，不願老師來家庭訪問，然而，媽媽夜裡流淚說的故事，讓小輝醒悟了過來，也看見自己的不對！

其實，教育就是「覺」——讓孩子「覺知」——看見自己的「有」和「沒有」，也覺知自己的「對」與「不對」。

同時，教育是「點一盞燈」，而不是「補一個洞」；當父母和師長，用心地為孩子們點亮一盞燈時，就可以「用愛的今天，點亮孩子的明天」！

啟示

✚ 多留一份心給孩子、多陪伴孩子，比急送孩子去學電腦還重要！

✚ 教育就如同在河邊堆砌石頭——「堆高，塌掉，再堆高，再塌掉……」教育是持久戰，不是一蹴可及，老師和家長都必須有耐心，將石頭慢慢地堆高。

✚ 溫柔的態度、溫暖的好話，讓人永遠懷念。

因為了解，所以慈悲

老師，她都偷戴耳機上課

每個孩子，不管美醜，或是否有缺陷，
他都可能是一顆「璀璨的鑽石」，
也都值得老師和父母不斷地「用心雕鑿」；
因為，
每個孩子都充滿著各式各樣的潛力，
能孕育出無窮的可能啊！

在南投教書時，美琴從「特殊教育班」轉到我的班上來，因為她媽媽希望她到正常班級就讀，將來才能提早適應社會的生活。但由於美琴過去「未曾開口說話」，也才開始學習發音，所以她剛轉來沒兩天，小朋友就向我抱怨、告狀說：

「老師，美琴她講話好奇怪哦，都只是『嗯、啊、噢……』」

「老師，美琴她常用手摸人家、碰人家，好討厭哦！」

「老師，美琴她上課都戴耳機、偷聽音樂哦……」

當時，我也很困擾，因為我不會手語，而且只要我一講美琴，她就哭。後來，我和她媽媽談話後才知道，美琴過去一直生活在「無聲的世界裡」，她摸碰人家，是說不出話、卻急著表達她的意思，或想和別人做朋友；而她「戴耳機上課」，其實是「戴助聽器」，慢慢學習聽到微小的聲音。

美琴的媽媽說，美琴很不喜歡戴助聽器，因助聽器的「頻率」要放很大，戴一整天在耳朵裡，一直振動的感覺很不舒服。

本來，我有點向美琴媽媽抱怨的意思，因自從美琴轉到我的班上後，教學上造成很大的困擾。不過，美琴的媽小聲地對我說：「倪老師，不瞞您說，美琴並不是我親生的女兒，她……是我在育幼院抱養來的孩子。」

我聽了，嚇了一跳，也問道：「當時，妳知道美琴的耳朵聽不到嗎？」

「知道！可是，我想我可以幫助她，我可以努力試一試！」

聽美琴的媽這麼一說，我的心，真是被她「無比的母愛」感動！

隔天，美琴的媽帶她到醫院做例行檢查，我則與小朋友們談到課本中的一首詩「陽光的愛」——陽光的愛最公平，不管是白種人、黃種人、黑種人，陽光都照射他們！陽光愛每一個人，所以，我們也要像陽光一樣，把愛施予每個需要我們的人……

我告訴小朋友：「美琴從小就聽不到，一直在無聲世界裡長大，她摸你，是想和你做朋友；她講話很怪，是因為她才開始學講話；她戴助聽器上課，是很不得已、很不舒服的……我們可以試著當陽光，給美琴一些愛，不知道大家能為美琴做些什麼？」

此時，胖胖的小智說：「老師，我可以帶她到福利社買東西吃！」

小珍說：「老師，我可以慢慢教她講話！」……

第二天，美琴來上課，班上氣氛變得不一樣了；下課時，真的有小朋友帶她去福利社或教她學ㄅㄆㄇㄈ，也有小朋友帶她去操場玩球（以前美琴是不敢玩球的，因怕被球打到助聽器，會很痛！）

而我，也學習在上課時放慢速度，慢慢說話，讓美琴能看著我的「唇語」學說話。

我教美琴三年，我和小朋友們都從美琴身上學到很多「手語」，也學到了「寬容和愛」。而美琴很會畫畫，她精緻細膩的畫，真是出神入化，美極了！

從不會說話，到練習說話，甚至上台說話，美琴總是「積極地為自己抓住機會、創造機會」；她努力畫畫、習舞、學說話，讓她的生命不斷地添增豐富的色彩。

而在唸國中時，附近教會曾舉辦了一場「耶誕晚會」，美琴應邀在晚會中「獨

「陽光的愛」最公平，
它照射世界上每一個人！

舞」，也朗誦一段詩歌——「愛的真諦」。美琴在眾人面前，勇敢地開口朗誦——**「愛是恆久忍耐，又有恩慈，愛是不嫉妒，愛是不自誇、不張狂，不做害羞的事……」**

後來，美琴從高中畢業、考上大學，專攻室內設計，並早已從大學畢業。

她，不畏艱難、克服聾啞的缺憾、永不放棄自己，努力進取，並積極攀登生命的巔峰；她，真的是「美得無比」呀！

戴老師小講台

在生活中，有時我們不喜歡某些人，甚至討厭他，覺得他很怪，很畸形……可是，或許是我們「不了解他」，不知道他的家庭背景、生活方式和教育背景，而產生的「誤會」。就如同本文中的小朋友，原先不了解美琴失聰的天生缺憾，總覺得她很怪、很不正常。

所以，**張愛玲女士說過：「因為了解，所以慈悲。」人總是需要從了解中，學習「同理心和體諒」，進而產生「慈悲和關懷」。**

俗話說：「我們心中要常有別人！」的確，若心中只有自己，就可能會誤會他人。事實上，一個又老又醜的鐘樓怪人，也都可能讓人尊敬；但是，一個外表漂亮、天賦異稟的人，卻可能令人厭惡啊！

因此，**每個孩子，不管美醜，或是否有缺陷，他都可能是一顆「璀璨的鑽石」，也都值得老師和父母不斷地「用心雕鑿」**；因為，每個孩子都充滿著各式各樣的潛力，能孕育出無窮的可能啊！

所以，**每個人都要努力自勉，期許自己「不要隨便妥協」，必須有「超越水準」的信心和決心，讓自己在某一點上獲得第一！**我們不能把「人生跳欄賽跑」的欄，各放低一點，而暗自竊喜；我們必須有「超水準的毅力」，來達到「超水準的成就」，一如失聰的美琴一般。

啟示

- 人不必為自己的外貌、長相或缺憾而自卑，因為，「尺有所短、寸有所長」；人必須接納自己的缺點，進而肯定自己、喜歡自己、發揮自己。
- 心中沒有目標、沒有學習的典範，很快就會消沉。
- 心中有個大目標，千斤重擔我敢挑；心中沒有大目標，一根稻草折彎腰。

心念變，命運就跟著變

祝福爸爸早日出獄！

她，頭髮很短，很不溫柔，常罵髒話！
在學校，只要男生對她大聲一點，
她馬上一拳揮過去，並大罵一聲「幹！」
當我問她：「為什麼把同學打得流鼻血？」
她冷冷地說：「我討厭男生！我恨男生……」

我很難想像，一個國小一年級的小女生，開學沒幾天就把兩個小男生打得「流鼻血」！她，素娟，頭髮很短，像男生，很不溫柔，常罵髒話；而且，在看男生不順眼時，就狠狠地向男生的鼻樑揮拳！

我問她：「妳為什麼這樣打同學？」

她看我一眼，冷冷地說：「我討厭男生！我恨男生！」

我真不懂，一個六、七歲的小女孩，怎麼會對男生有如此咬牙切齒的恨？

後來，我到素娟家裡做家庭訪問。她媽媽一見到我，就一臉愧疚地不斷道歉說：「倪老師啊，真歹勢，我們家素娟很壞、很壞，很愛打人、罵粗話，她一定給妳增添很多麻煩對不對？」

我和素娟的媽坐下來，問她為什麼素娟常毆打男生，甚至把人家打得流鼻血？到底她心裡有何「仇恨」？此時，素娟的媽掩著面，悲傷地哭了起來，也慢慢地說道——

「我先生三年前有外遇，吵著要和我離婚，可是我不同意。一天，我先生喝醉酒，趁我睡著時，抓起熟睡中的素娟，把她裝進麻布袋，放在汽車的後車廂裡並載走，接著用素娟的生命來威脅我，說我如果不離婚，他就要把素娟殺死……」

「什麼？妳先生綁架自己的女兒？」我真的不敢置信。

「是啊，我在電話裡罵他，『你怎麼這麼沒有人性，居然連自己的骨肉都敢綁架？』可是，他回答我說，沒關係啊，反正他新的女朋友就要再生了！」

在一番談話後，我才知道，素娟小時候被親生父親綁架、擄走；她驚惶地在麻布袋裡踢腳、大聲哭叫，也在黑暗無光的車廂裡，度過「叫天天不應、叫地地不靈」、極端恐怖的時刻！

而當素娟的麻布袋被打開時，發現她爸爸正與另一個阿姨在一起，而且爸爸在電話裡對媽媽說，「殺死她沒關係」，反正阿姨很快就會再生了……

後來，素娟的媽媽投降了，同意和爸爸離婚。但，從此以後，幼小的素娟經常在半夜驚醒、惶恐地哭泣。

她恨爸爸，她恨男生……她真的很害怕「又被裝進麻布袋裡」！

而當她到了學校，只要男生對她大聲一點，她馬上一拳揮過去，並大罵「幹！」

由於素娟經常罵髒話、打人，所以不管是男生、女生，都不願和她在一起玩。

三年級的某一天，我在課堂上，教小朋友玩「小叮噹時光隧道機」遊戲——

每個小朋友都把眼睛閉起來，在輕柔的音樂聲中，大家一起坐著「小叮噹時光隧道機」，一起回想小時候，爸爸媽媽是不是曾為妳做了哪些事？哪一幕令你最難忘、最感動？

靜坐冥想後，再把這一幕，寫在自己的「心靈談話簿」裡。

當我播放著輕飄柔美的音樂時，每個小朋友都閉上眼睛，靜心地回想。此時，我看著素娟眼睛閉著，眼淚卻一直潸流下來。不久後，她翻開「心靈談話簿」，頭也不抬地一直寫字。她一邊哭、一邊寫，連下課了，其他小朋友都交了簿子，她依然坐在桌前，用心地、不停地寫。

一堂課後，素娟鬆了一口氣，把「心靈談話簿」交給我。我翻開，看她寫道——

來，我們一起坐「小叮噹時光隧道機」，
一起默想爸媽的愛！

今天，老師叫我們坐「小叮噹時光隧道機」，回想爸媽曾經對我們的好。

我想到，我小時候，有一次從樹上跌下來，頭部撞了一個可以看到骨頭的大洞。

那時，我爸爸沒穿鞋子，光著腳，抱著我衝到醫院。當醫生幫我縫合傷口時，我痛得哇哇大叫，爸爸焦急地站在一旁流淚，並叫醫生「輕一點、輕一點……」

雖然，後來我爸爸曾經綁架我，把我裝進麻布袋，並用我的生命來威脅我媽離婚，我也一直恨他恨到現在，可是，今天當我摸摸我頭上的傷口、疤痕時，我的心，已經沒有恨了；因為，我知道，我爸爸也曾真心愛過我……

現在，我爸爸因犯其他罪，被關在監獄裡，我祝福他早日出獄！

看了素娟的「心靈談話簿」，我的心好悸動！

當晚，我再到素娟的家；她媽媽看到我，仍然十分愧疚地對我說：「倪老師，我真的很歹勢，我們家素娟真的是很壞、很壞的孩子，她一定又讓妳很頭痛對不對？……」

我握著素娟媽媽的手說：「不，不，我是想來告訴妳，素娟是一個很乖的孩子，妳千萬不要一直說『她很壞』；她是我們班的『最後長』，她每天都留下來幫我關窗戶、陪我關門、回家。她是我們班最好的孩子……她只是一個失去愛的孩子，我們要用更多的愛，把她愛回來！」

後來，素娟留了烏黑的秀髮，綁了辮子，也穿著媽媽為她買的裙子來上學。

她，慢慢地喜歡唱歌，不再恨男生、打男生，也活出了自信！

戴老師小講台

小朋友最喜歡遊戲了，如果能夠「利用遊戲來引導想像」，常能達到寓教於樂的效果。所以，教育專家也建議，可以利用「引導式幻想」（Guided Fantasy）——要學生閉上眼睛，想像腦中有一大銀幕，將過去的經驗投射到銀幕上——想像快樂的時光、想像到海邊、迪士尼樂園……

然而，人不能都一直活在過去不悅的「負向經驗」，而必須轉化成「正向態度」和「成功動力」。就像本文中的素娟一樣，她雖然有過被父親綁架的痛苦經驗，但在老師的引導之下，她的腦中銀幕也出現了父親曾經愛她的動人畫面，因而使她產生「正向態度」，甚至寬恕父親的過錯，不再記恨於他。

所以，老師可以讓孩子們透過「視覺想像放鬆」，學習「面向陽光，讓心中黑暗自然遠離！」當孩子勇敢地把過去心中的「夢魘」說出來時，他心中的黑暗就會消失，亦能坦然面對未來。

因此，**只要「心存善惡」，就能「創造好磁場」**。老師就是孩子心存善念的導演——導引孩子懂得提升EQ智慧、懂得遠離悲傷、懂得拋開悲情。正如古人所說：「樂是苦的種子，苦也是樂的種子。」不稱心、不如意的事，從不同的角度來看，或許也能變成一件足夠快樂的事。

所以，與其自我封閉在黑暗桎梏之中，不如望著藍天晴空，去展翅飛翔！

啟示

- 痛苦時，「時間」是最好的治療師，而「寬恕」是唯一道路，也是最佳良藥，能減輕我們痛苦的程度。
- 我們常無法改變別人，但卻可以改變自己！只要我們「心念變，命運就跟著變！」「善念來，好運就跟著來！」

沒有「成就感」的孩子，行為就會逐漸偏差

爸，老師A了我的牛奶錢

老師有責任來「製造孩子說話的機會」，
讓學生有「被肯定」和「受重視」的感覺。
縱使孩子講的是歪理或謬論，
老師也必須讓他有「極力主張」和「充份表達」的自由；
老師的冷淡、嘲笑或否定，
對孩子而言，都是一種「語言暴力傷害」。

一天，當我在批閱小朋友的家庭聯絡簿時，赫然發現一家長寫道：「倪老師，允達多次回家時，都提到您九月收了小朋友的牛奶錢，卻整個月都沒有給小朋友喝牛奶。您是為人師表的老師，怎麼會做出這種事呢？……我本來以為是允達的誤會，可是他再三告訴我，這事絕對是真的……」

我真是氣昏了！怎麼可能？但當時已是十二月，我一時也被搞糊塗了，不知怎麼回事？那晚，我打電話給允達的父親，他說：「允達是個很乖的孩子，他才小學一年級，絕不會說謊話！而且，九月不只是他沒喝到牛奶，其他小朋友也都沒喝……」

隔天，我查閱教師手冊的記錄，承購牛奶的護士小姐也提供相關資料，證明有交錢的小朋友，都有喝到牛奶。所以，那幾天，我的心很難過，也很氣憤，不知道為什麼允達要「說謊」？

三天後，我的心情稍微平靜，我問允達：「你明明知道老師都有給小朋友喝牛奶，你為什麼要說沒有？」

「我不知道！」允達的眼神一副無所謂，冷冷地回答。

當時，看他「我就是要這樣，你能怎樣」的態度，我真是火冒三丈！可是，我能打他嗎？我已經告訴自己，絕不再打小孩子了呀！我好氣、好氣，但也試著靜下心，想想——自己是否曾經做了哪些事，傷害到允達呢？不然，他怎麼會這樣？

三、四天後，我突然想起——有一天，允達來上學時，就靠到我身邊說：「老師，我跟妳說哦……」當時，我正忙著其他小朋友的事，所以就淡淡地對他說：「老師很忙，等一下你再跟老師說！」

上國語課時，原本允達是個內向的孩子，可是那天我才沒講幾句話，他就搶著舉手要發言；當時，我有點不悅地對他說：「允達，上課不要亂插嘴！」於是，允達悻悻地把手放下。

沒多久，我問小朋友：「這段課文誰會唸？」只見允達又舉手了。可是，我覺得——今天允達怎麼變得如此「多嘴」？我最討厭人家多嘴，所以就沒有叫他唸課文，而是叫其他可愛的小朋友站起來唸。

「老師，我有話要說呀！」

後來，數學課時，允達又搶著舉手，想上台解題；可是那天我不知怎麼搞的，就是一直不喜歡允達，也對他說：「允達，你不能一直舉手打斷老師，老師等一下再叫你！」此時，允達又失望地把手放下來。

下午體育課，小朋友練接力賽，我問：「誰要先跑給大家看？」只見——又是允達，爭先想搶跑第一棒！然而，那天我似乎覺得允達「太搗蛋、太想出鋒頭了」，所以我又沒有叫他跑第一棒。

就這樣，「壞、壞、壞，連三壞、連四壞、連五壞……」那天，允達真是過了最倒楣的一天！然而，從那天開始，允達就「不再舉手了」。我真的沒再看過他舉手、要求發言；或許，他已對我討厭到極點！

想到這裡，我知道，我錯了！允達，是老師的疏忽，傷害到你的心，造成你不喜歡老師、討厭老師！

說真的，在我內心，好想對允達說聲「對不起」；可是，我又沒有勇氣，日子就一天天過去。而在往後的上課中，允達變得「很安靜」，也常「對著窗外發呆」。當我問他：「允達，你在想什麼？」他總是把頭轉過來，面無表情，冷漠，沒回答。

二年級時，學校舉辦運動會，每班都努力地練習大隊接力。我意外發現，允達跑得很快，交棒、接棒都非常正確、俐落，於是我趕快叫允達來做示範，並對所有小朋友說：「你們看，允達接棒、交棒做得多好、多漂亮！大家要學他那樣做，他是我們的『接棒老師』，我們請允達再給大家做示範……」

那天，允達滿頭大汗、不斷地教每個小朋友「接棒、交棒」；而他的臉上，終於露出了「久違的燦爛笑容」，開心地笑了！

從那天起，允達來學校逐漸有了笑容，而我也才把積壓心頭多時的「重擔」卸下！

戴老師小講台

年輕時，我曾參加一個文藝寫作營。上課時，有一位知名老師突然問我旁邊的一女學生：「為什麼陶淵明寫〈桃花源記〉時，是以『桃花』為名，而不以其他花為名？」

這女學生實在不知道答案，但她站起來時，鎮定地回答說：「桃花代表榮華富貴；因陶淵明一輩子沒有享受榮華富貴，他就在心裡營造一個與世無爭的美麗世界，所以桃花源其實就是他心中榮華富貴的想像……」

那老師一聽，當場大聲笑她：「妳怎麼會有這種可笑的論調呢？這世界上大概不會有第二個人有這種想法……」

女學生被老師當眾這麼一嘲諷，心裡很不是滋味，也覺得很丟臉、沒面子，後來就不再來上課了！

◎

在美國大學唸研究所時，我對一位教授印象很深刻，因為在他發問之後，同學們的回答，不管是對或錯，這教授都會把答案簡略地寫在黑板上；即使同學的答案不一定正確，這教授都會說：「嗯，你的答案很有創意！」「嗯，你的想法非常特別、很有意思！」「你的回答很有趣……」

其實，老師有責任來「製造孩子說話的機會」，也要適時地給學生有「被肯定」和「受重視」的感覺。縱使孩子講的是「歪理」，老師也必須讓孩子有「極力主張」和「充分表達」的自由。

況且，有時老師認為孩子講的是「歪理」或「謬論」，但靜心一想之後，說不定覺得——孩子的說法也不無道理啊！

所以，老師的心必須寬廣，讓孩子有說話與表現的機會，並伺機給予鼓勵。相反地，老師的冷淡、嘲笑、諷刺，或當眾的否定，對孩子而言，都是一種「語言暴力傷害」啊！

啟示

- 老師的讚賞和肯定，是「付出少、回報多」的高明教學技巧。
- 在學校中，無法獲得「存在價值」和「成就感」的孩子，行為就會逐漸產生偏差。大人亦同。
- 稱讚的話，永遠比刻薄的話，受人歡迎。

Part 5

讓管教在創意裡「輕鬆化」

經常嘴角上揚，比拉皮有效

趕快逃哦，噴火龍來囉！

有人說：「臉是心的窗口」。
的確，高興時，人好看；
但生氣時，人很醜，
只是我們看不見自己醜陋的模樣而已。
所以，「生氣時，要照照鏡子」，
就可以看見自己恐怖、嚇人的樣子！

在班上，小珍和阿良的座位坐在一起，可是他們常彼此「看不順眼」，也為小事而爭吵。有一天，他們吵得很兇、相互推打、怒目相視，也告到我這兒來。

此時，我想起一則賴馬先生的童話故事，並與所有小朋友分享——

有一隻毒蚊子名叫波波，牠最喜歡咬「愛生氣的人」；而只要被波波咬到，就會變成一隻「噴火的動物」。

一天，小恐龍不小心被波波咬了一個包，當牠不經意地搓揉時，小包包竟噴出火來了；而牠嘴巴一張開，嘴巴也噴出了火！

此時，小恐龍愈想愈氣，可是當牠生氣時，鼻子、眼睛、耳朵，也都相繼地噴出火來，連呼吸、吐氣，都不斷地噴火；哎喲，真是好可怕呀！

正當小恐龍氣得張牙舞爪時，牠的好朋友老鼠來看牠；可是小恐龍才一張開嘴，老鼠的鼻子就被噴火「燒得焦黑」！小恐龍想吃漢堡，可是漢堡一碰到噴火，就變成「焦堡」；小恐龍想吃冰淇淋，可是冰淇淋一碰到噴火，也都融化了！

怎麼辦呢？小恐龍心裡好著急哦！

不過，小恐龍想到，用「水」就可以把火熄滅！於是，小恐龍跑到游泳池，在那兒，很多動物都正在游泳；可是大夥兒一看到「噴火龍」來了，都嚇得四處逃竄、跑掉了！小恐龍只好獨自悶泡在水裡，但牠身上噴出的火還是不能熄滅。

這時，焦急萬分的小恐龍想到「挖沙坑」，不過，當牠把臉和鼻子埋進沙坑裡時，全身的火，依然不斷地噴出來！

後來，「噴火龍」怒氣衝天、氣得受不了，也難過得哭了起來！

沒想到，牠這麼一哭，牠身上的噴火居然慢慢——熄了下來！

噴火龍看到身上的噴火漸熄時，牠開口笑了！而當牠開心地笑了時，身上的噴火竟「完全熄滅」了！

這時，正在一旁看熱鬧的蚊子一看，很納悶地說：「咦？這隻小恐龍怎麼知道，破除咒語的口訣是——『又哭又笑，大火熄掉？』唉……我只好再去找另一隻『愛生氣的傢伙』了！」

是的，當我們生氣、憤怒時，我們就像是一隻「噴火龍」，不僅會燒到別人，也會把自己燒得全身是傷、焦痛不已啊！

然而，唯有我們從內心，真誠地流出「懺悔的眼淚」，並且開心地「微笑待人」，我們身上的噴火才會完全熄滅！

當我說完這個故事，我問小珍和阿良：「你們兩個人天天坐在一起，卻天天吵架，這樣你們會快樂嗎？」此時，小珍和阿良都低著頭，難過地流下眼淚。

快下課了，我告訴小朋友，等會兒要大掃除，大家分配工作；而小珍和阿良的工作是擦窗戶，兩人要把「透明的窗戶」擦拭乾淨。

正當小珍和阿良拿一塊抹布擦窗戶時，他們彼此都看到「臭臭、不悅的臉」——呵，那可不就是小恐龍「噴著火、氣呼呼」的臉嗎？噴火龍是很難看的，不是嗎？

這時，阿良做了一個「鬼臉」給小珍看，而小珍也回了一個「更醜的鬼臉」，突然間，他們兩人都忍不住笑了！

後來，我告訴小珍和阿良：「你們兩人都是好孩子，也可以成為好朋友，你們要不要抬起頭，仔細地看到對方可愛的臉？」

當小珍和阿良抬起頭、互看對方的臉時，他們又忍不住地笑了！真的，「又哭又笑，大火才會熄掉！」

戴老師小講台

最近聽到一則故事：在夜市的小攤販，賣著一些河豚吊飾；老闆告訴三、四個小朋友說，這些吊飾是用真的河豚做成的標本。這時，一小男生說：「你看，這隻河豚好醜哦，它的樣子好像很生氣！」

愛生氣、愛噴火，把小鳥都烤焦了啦！

旁邊一同伴插嘴說：「對啊，要找到它剛好生氣時做標本，還真的很不容易！」

這時，另一小女生說：「你們好笨哦，如果你要被做成標本，你會不生氣嗎？」

◎

哈，河豚生氣時很醜，人在生氣時，也是很醜，只是我們看不見自己醜陋的模樣而已。所以，「生氣時，要照照鏡子！」只要照照鏡子，就可以看見自己恐怖、嚇人的模樣，保證比生氣的河豚更醜！

有人說：「臉是心的窗口」，我們都必須學習「臉笑、嘴甜、腰要軟」，來為自己塑造一副好面孔；而不能像本文中的噴火龍一樣，生氣時，全身噴著火，好恐怖，人人都想逃之夭夭。只要我們能用「另一隻眼睛」看到自己生氣、憤怒的樣子，我們就會學習「把身上的火熄掉」。

其實，從本篇故事中，我們也可以知道，一個老師除了要做個教育「專家」之外，也要做個「雜家」——具備各項知識、學問；收集有趣的小故事、益智性的遊戲；或說個急口令、燈謎、成語典故，甚至說個鬼故事也無妨——使管教在創意裡「輕鬆化」，而不是一直講抽象的大道理，或對孩子嚴詞訓話。所以，電腦雖然厲害，但電腦永遠無法取代一位「優質的老師」。

啟示

- 人不能像噴火龍一樣，常常生氣；如果能做個「吃了虧也能笑的人」，則有一天一定會有「吃虧反賺」的福報。
- 經常嘴角上揚，比「擦歐蕾」或「拉皮」更有效！
- 樂觀、微笑與自信，是人生良藥。

我是鳳凰，幹嘛叫我烏鴉？

「美麗的綽號」，可以使人振奮、鼓舞

每個人都喜歡自己有良好的稱呼和形象，
也希望自己是有光彩、有價值的人；
亦即，人人都希望有「高度的自我意象」。
但，如果被人取個不雅、難聽的綽號，
心裡就很不舒服，
也會對自己的「自我概念」產生傷害。

在接新班級、點名時，我唸到：「一號，楊濤怡……」話還沒說完，就有小朋友大聲說：「老師，他叫楊桃湯！」全班就一陣訕笑。

當我唸到：「二號，林世佳……」又有一小朋友搶著說：「老師，他長得不像釋迦，比較像芭樂！」全班又是哄堂大笑！

我繼續點名：「三號，劉蓮惠……」又有小朋友插嘴說：「老師，她是榴槤！」

我才點了三個小朋友的名字，就有三個被叫「楊桃、芭樂、榴槤」的小朋友臭著臉，很不高興！以前，當我碰到這種情況時，我總是和小朋友一起笑，或勸小朋友：「唉呀，不要那樣講人家啦！」不過，那天點名時，我試著講一個故事：

有一隻蝸牛在路上遇見豬時，大聲地說：「天啊，豬，你長得好肥哦！你每天好吃懶做，肚子肥成這樣，好醜、好呆哦！」

此時，豬不悅地說：「你幹嘛批評我？我才不胖呢！我的身材長得剛剛好，在泥坑裡打滾，非常舒服、非常快樂呢！」豬一邊說，一邊跳著舞離開。

可是，當豬想起蝸牛對牠的批評時，心裡很不高興。沒一會兒，豬碰見一隻兔子，就對牠說：「兔子啊，你真是個膽小鬼耶，一點膽量也沒有，我看，你一定會被大野狼吃掉！」

兔子一聽，不高興地說：「你亂講，我一向都很小心；大野狼追我的時候，我會很快地跑到洞裡去……」

兔子不願和豬多說話，氣得走開了！可是，才走一下子，兔子看到了一隻大花狗，就說：「大笨狗，你真的很懶耶，什麼事都不做，只會在陽光下睡覺！」

大花狗正在做甜美的夢，被兔子一批評，生氣地說道：「你安靜點，別吵我！我的日子過得很舒服呢！我夢見許多肉骨頭，也夢見很多小母狗正在追我，我過得很快樂呢！」

不過，當大花狗想起兔子對牠的批評時，心裡也很不是滋味！走著走著，大花狗遇見了蜘蛛，就數落蜘蛛說：「你這個好難看的傢伙啊，你的腿這麼細，又這麼黑，你難道沒有討厭過你自己嗎？」

蜘蛛聽了，氣憤地說：「我有什麼難看？我黑得很漂亮啊，我的蜘蛛網也是全天

「兔子啊，
你是個膽小鬼，
你一定會被大野狼吃掉！」

下最美麗的網，我天天都可以找到小蟲吃啊……」

蜘蛛很討厭大花狗，不理牠了。可是，當蜘蛛不久瞧見蝸牛時，就洋洋得意地對蝸牛說：「喂，你這隻走路慢吞吞的傢伙，早上我看到你時，你正在土堆下面，你怎麼走路一直都是『奇慢無比』啊！」

蝸牛說：「對啊，早上我在土堆下面，可是，現在我已經站在土堆上面了啊！我可以看到廣大的世界了，好美哦！」此時，蝸牛不悅地繼續對蜘蛛說：「你幹嘛罵我是慢吞吞的傢伙，蝸牛本來就是走得很慢啊，我喜歡做我自己！」

當蝸牛一講完，牠突然想到——「天啊，早上我也曾批評豬哥哥，說牠好肥、好醜！我真是很不應該！」於是蝸牛慢慢爬，去跟豬說：「豬哥哥啊，我早上那樣批評你，很不好意思！我告訴你，哪有一隻瘦豬是漂亮的？一隻瘦的豬才是『怪胎』呢！你胖胖的身材，真的很好看！我真不該那樣講你，對不起哦！」

「真的嗎，你真的說我胖得很好看？謝謝你！」豬聽了，滿心喜悅，也跑去向兔子說：「兔子，對不起，早上是我亂講話，你的手腳很敏捷，也絕不是膽小鬼……」

你知道嗎，在天黑以前，兔子找到了大花狗，向牠說聲「對不起」；大花狗也向蜘蛛說「對不起」，大家都互相原諒對方的「失言」，最後，也都高興地「做自己」，安心地睡覺了！

故事講完了，我問：「今天，誰是第一隻蝸牛啊？」

小朋友眼睛互相看來看去。第一個說人家是「楊桃湯」的，主動向楊濤怡說對不起；講人家是「芭樂」的，向林世佳說對不起；叫人家「榴槤」的，也向劉蓮惠說對不起！

那天，小朋友體會到——每個人都喜歡「做自己」，不喜歡「被批評」；不管父母給我們的名字為何，一定都有其意義！所以，當天，我給小朋友的作業是——

「回家問問爸媽，取我名字的意義是什麼？隔天，再上台和大家分享！」

戴老師小講台

我們從小到大，都可能會被他人取綽號，例如：「小胖」、「小豬」、「近視仔」、「愛哭仔」、「小豐滿」、「遲到大王」、「屁王」……等等；或許有些綽號是「雖不滿意、還能接受」，但有些綽號則是當事人所深惡痛絕！

心理學專家的研究指出，每個人都喜歡自己有良好的稱呼和形象，也希望自己是有光彩、有價值的人；亦即，人人都希望有「高度的自我意象」。但，如果被人取個不雅的綽號，心裡就很不舒服，也會對自己的「自我概念」產生傷害。

◎

高中時我曾認識一女生，名字叫「鳳凰」，可是她長得並不是很漂亮，若叫她鳳凰，似乎太抬舉她了，所以同學們都叫她「烏鴉」。每天看到她，都習慣喊她「烏鴉、烏鴉……」喊到最後，把她「喊衰」了，害她沒考上大學，重考。

但二十年後，這女生從美國事業有成回國了，在一次聚會中，「烏鴉」說，她最喜歡她大學的同學。「為什麼？」「因為，他們都不會叫我烏鴉啊！」「那他們都叫妳什麼？」大家好奇地問。

此時，只見烏鴉得意地甩甩頭髮說：「他們都叫我鳳凰啊！我就是要做一隻鳳凰……我明明是『鳳凰』，為什麼你們要叫我『烏鴉』呢？」

聽她這麼一說，我心中一愣——的確，我們幹嘛叫人家「烏鴉」？我們為什麼要用負面、不好聽的綽號叫別人？如果別人也這樣叫我們，我們也會不高興的呀！

啟示

「美麗的綽號」可以使人振奮鼓舞；「不雅的綽號」卻會讓人厭惡痛恨。所以，我們可以學習用他人的優點，來取正面、鼓勵他人的綽號。

每個人的名字裡，都包含著爸媽對我們的「愛和期望」，都值得我們珍惜！

榮譽，能夠讓人努力不懈

我是「垃圾長」，專門倒垃圾

我們常羨慕一些身上「有光環的人」，
然而，如果能讓每個小朋友身上「都有光環」，
也有「耀人的亮點」，
豈不是更好的激勵與鼓舞？
這也就是「正增強」的教育方法，
因為，「美譽，將使人發揮熱情、綻放光芒！」

從小，我就不是出色的小孩，沒得過什麼「獎」，也沒當過什麼「長」，所以我非常羨慕那些班長、副班長、學藝股長……或得到榮譽獎章的小朋友。

一次，我向經常獲獎的表哥，要了一枚「模範生」的徽章，掛在胸前，很高興地到學校上課；未料，被男老師看見了，他很兇地把「我的徽章」拔下來，大聲說道：「這獎章又不是妳自己得到，妳怎麼可以掛在自己身上？」

我低著頭，流著淚，但也告訴自己——將來我一定要做個老師，也要讓全班都是「長」，讓每個小朋友都有服務別人的機會！

後來，我當了國小老師，也讓成績前六名的小朋友，從週一到週六，大家輪流當「班長」，其他小朋友則是四人一組，每個人都是「長」——「組長」管國語、數學作業；「副組長」管秩序；「衛生組長」負責檢查同組小朋友的指甲、抽屜；「簿子長」就負責收發簿子。

呵，這麼一來，每個小朋友都是「長」，也都有「榮譽心」，成效真的很不錯。

不過，我又想，班上許多事情是不是都可以請小朋友「志願」來服務？

於是，我問小朋友：「有沒有人想當『**電燈長**』，負責開燈、關燈？」

小朋友一聽到是當「長」，就搶著舉手！

「有沒有人想當『**音響長**』，早上早自習時可以開音樂給同學聽？」我話一說完，又是一大堆小朋友搶著舉手。

所以，當電視記者來班上採訪時，胖嘟嘟的小軍笑咪咪地面對鏡頭大聲說：「我是『**牛奶長**』，每天負責抬牛奶，並做牛奶盒回收！」

忠厚的阿寬說：「我是『**窗戶長**』，負責把同學沒擦乾淨的窗戶擦乾淨！」

瘦瘦的國興則一副自豪地說：「我是『**牆壁長**』，負責擦牆壁！」

一向愛搗蛋的阿源大聲說：「我是『**最後長**』，我每天要負責把窗戶關好，最後才回家！」

較像大姊的麗如則說：「我是『**垃圾長**』，專門倒垃圾！」

大家搶著把自己「光榮的職務」，面對攝影鏡頭，大聲炫耀一番，惹得文字和攝影記者都哄堂大笑！

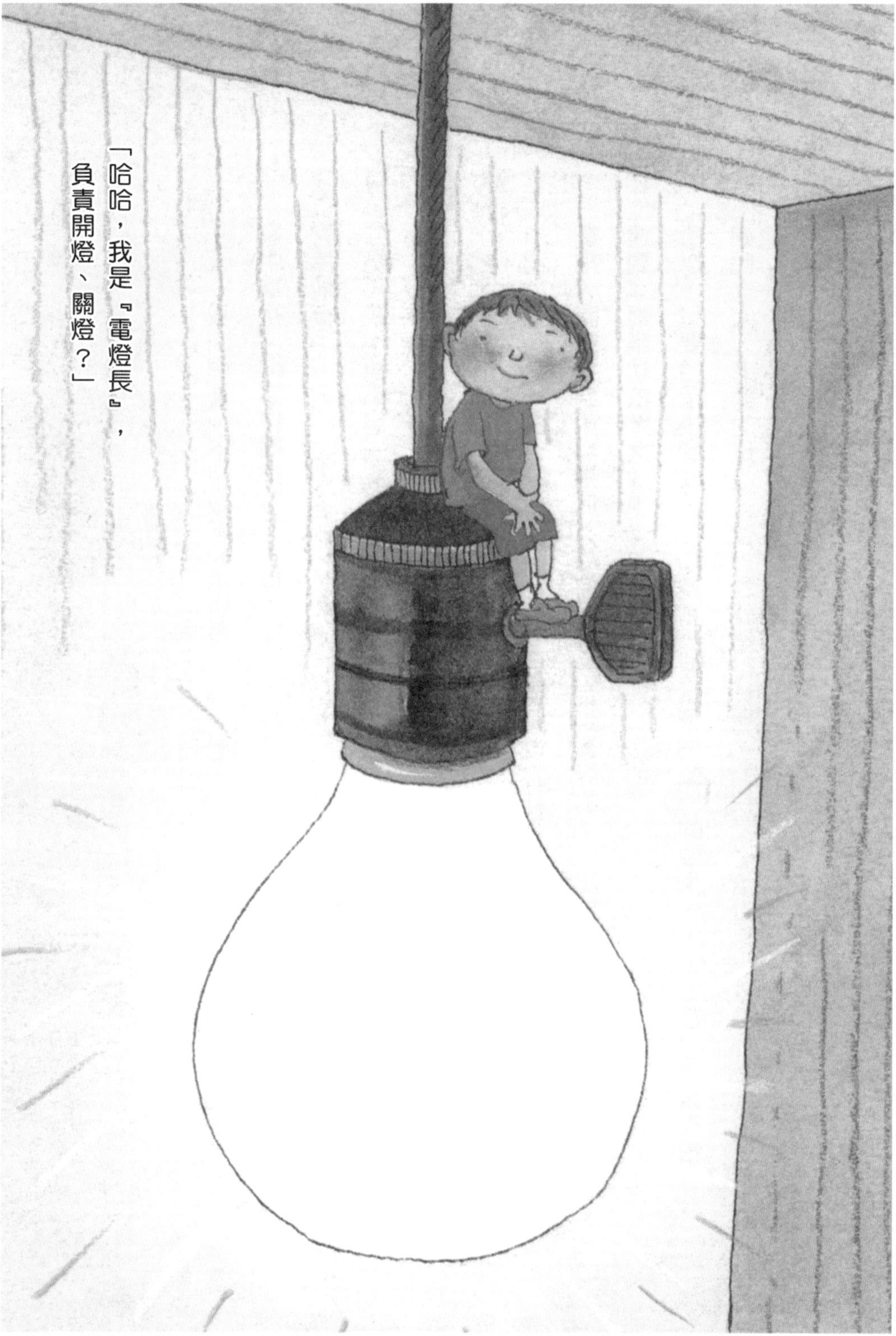
「哈哈，我是『電燈長』，
負責開燈、關燈？」

一天，我問懶惰、不想做事的小旭說：「小旭，你告訴老師，你想當什麼長？」家中富裕、從沒做過家事的小旭，想了一想說：「老師，我來做『**地板長**』好了，我負責擦地板！」

於是，我送給小旭一塊抹布，讓他學習擦教室地板。

我真的沒想到，小旭這「地板長」當得十分認真、盡責；下課時，他經常跪在教室地上擦地板，其他小朋友也就起而效法。也因此，班上小朋友都把自己的座位附近當成自己的家，都擦拭得乾乾淨淨，甚至，還可以脫鞋子進教室呢！

後來，我體會到，「指派」的效果不一定是最好的；「出於志願、樂於承擔」，才能達到「事半功倍」之效！

所以，只要給予小朋友信心和鼓勵，並賦予「榮譽的頭銜」，大家都可以做得很好；如此一來，老師的班級經營，也就變得輕鬆、愉快又融洽！

戴老師小講台

每個人都有「榮譽心」，希望能被他人評價是「優秀、有用的」，而不喜歡被視為「沒專長、沒能力、可有可無的人」；因此，能夠當上什麼長或被賦予某種責任，人的自我價值感就會提升。

而且，人都有「擅長／不擅長」、「喜歡／不喜歡」的事物，對於自己有興趣的事情，就會全心全意地投入；對自己不喜歡或討厭的事情，就興趣缺缺！所以，本文中，倪老師鼓勵學生們自動自發，志願選擇當「××長」，並培養學生的「責任感」。的確，「最後長」聽起來好像很好笑，可是其工作與任務也是很重要啊！否則教室裡的東西失竊，不也是挺麻煩的？

所以，**我們常羨慕一些身上「有光環的人」，然而，如果能讓每個小朋友身上「都有光環」，也有「耀人的亮點」，豈不是更好的激勵與鼓舞？**

這也就是一種「正增強」的教育方法——發揮孩子擅長的優點，也讓他快樂地表

現自我。

另外，老師說話的語氣、態度，都會直接影響學生接受指令的意願。命令和指派，可能效果不大；若能啟發學生「光榮感、成就感」——讓每個人都有合理表現與勝出的機會，則教室，將可以成為學生感到驕傲和留戀的地方。

「榮譽，能讓人努力不懈！」

「美譽，將使人發揮熱情、綻放光芒！」

啟示

- 我們可以依照自我專長與興趣，「主動爭取」為他人服務的機會。因為，「好運」，只垂青那些主動追求她的人！
- 老師的責任之一，是挖掘學生內在的潛能與特質。書唸不好，沒啥大不了；懂得認真負責、服務人群、積極樂觀，前途將不可限量！

學習「多灑香水、少潑冷水」

「激勵大師」勝過「管教高手」

當我開完晨會走回教室時，
遠遠地，就聽見班上小朋友
鬧哄哄地像菜市場一樣吵雜；
一進教室，
只見班長一臉哭喪、無奈地站在講台前，
控制不了班上秩序……

有時覺得當老師很頭痛，尤其在教到一群頑劣不乖的學生時，更是讓我覺得愁眉苦臉、痛苦萬分！

不過，我試著改變自己的「撲克臉」，不讓自己天天板著臉進教室，也希望小朋友進教室時，能有一張「愉悅、快樂的臉」！

我想到一個方法——每天放學後，留在教室內，於黑板上寫著：「親愛的孩子們，早安，又是一個美好的一天。今天早上，我們要玩『過五關』的遊戲：一、做三題數學……二、畫圖一張……三、背成語五句……四、寫心靈 morning call 一篇……」

我每天儘量變化「不同的遊戲」，讓小朋友每天都有不同的驚喜，臉上綻放笑容，也在寓教於樂中，有新的學習與收穫。

而我們老師，七點五十分都必須參加晨會，班上的秩序，就由班長來維持。

每天，當我開完晨會走回教室時，遠遠的，就聽見班上小朋友鬧哄哄的，像菜市場一樣吵雜；當我走進教室，只見班長一臉哭喪、無奈地站在講台前，控制不了班上秩序。

而班長背後的黑板，則非常「認真、盡責」地記滿了一大堆「不乖同學的名字」。這些密密麻麻的名字中，有些是「愛講話的」，有些是「隨意走動的」，有些則是「細故爭吵的」……班長總是分門別類地，記下這些不聽話同學的名字。

而當我回到教室時，就必須「處理、糾正」，甚至「罵一下」這些不乖的孩子。

可是，違規孩子那麼多，我愈處理，心情愈來愈不高興，臉色也就愈難看。

這樣幾次以後，我實在受不了了，就叫班長站起來，問他：「李坤，我們班上秩序這麼差，難道我們全班小朋友都是壞孩子嗎？你要不要想想其他辦法，用更有智慧的方式來處理班上的秩序，讓老師開完早會回來時，可以看到不一樣的秩序？」

班長聽了我含有指責的話，難過地流下眼淚，但他也點點頭，似乎是「聽懂了我的話」。

第二天，我提早到校，也於黑板上寫著，小朋友早自習必須完成「五項全能挑戰賽」的功課，隨後，就前往辦公室開早會。

那天，開完會，我走回教室時，平時常聽見班上小朋友的「喧鬧聲不見了」；以前站在門口偷偷東張西望、看老師回來沒的「報馬仔」，也不見人影了！

當我一走進教室，全班安安靜靜地，甚至讓我覺得「氣氛十分詭異」。

那時，小朋友們都憋著笑、望著我，也期待我的眼睛能「看一下黑板」。

我一轉頭，看見班長仍然「認真、盡責」地在黑板上寫名字。

我仔細看了一眼，也噗哧地笑了出來！

因為，今天班長在黑板上寫的名字，都不是「不乖、不聽話」小朋友的名字，而是記下那些「安靜寫字、自動掃地、自動開燈開窗、沒走來走去、有禮貌問好……」的小朋友名字。

這麼一來，小朋友為了讓自己的名字能被寫在黑板上，就努力地力求表現，不再搗蛋、講話、亂走動了。最後，幾乎全班小朋友的名字，都被寫在「表現優良」的黑板名單上，而全班的秩序也就變得「特別的乖」！

「嘻，我們是一群調皮搗蛋、愛作怪的好孩子！」

那天，我笑了，開懷地笑了。

因為班長的用心、聰明和智慧，成功地幫助老師維持了班上秩序，也創造了「雙贏」——小朋友快樂、老師也快樂！而全班的學習氣氛與興致，也就愈來愈高昂，上課秩序也愈來愈好！

戴老師小講台

有人說，小朋友事事充滿好奇，所以不守規矩是「天性」（本我），而守規矩是「後天教化」的結果（超我）。

不管這種說法是否正確，但可確知的是，小朋友的心智尚未成熟，情緒也不若大人一般穩定，在課堂上的秩序經常不易維持，造成師生關係十分緊張；因此，有不少老師很厭惡或害怕到校上課。相反地，也有許多老師每天都開心、笑盈盈地在教室裡指導孩子學習，讓教室中充滿著「歡笑和陽光」。

當然，這牽涉到每個老師的「不同特質」與「教學技巧」。不過，相信大部分老師都會同意——**「處罰並不一定有效！」把學生的名字一直列在「表現頑劣」的黑名單中，或不斷地貼負面標籤，並不會使學生變好。**

正如本篇故事中，班長一直在黑板上記「不乖、不聽話的同學名字」一樣，記一大堆，秩序亦不見好轉，反正「你壞、我壞、大家一起壞、一起輸」，沒有關係。

這，就是所謂的「社會傳染」！

◎

不過，我們也可以把「負面」的社會傳染，導向「正面」——「你好、我好、大家一起好、一起贏」！當表現良好的名字被寫在黑板上時，就是榮耀、表揚和鼓勵；而「鼓勵」一定會比「壓抑、處罰」有效啊！

因此，一個溫暖的「陽光教室」，需要和煦的陽光、新鮮的空氣，也需要「人性化的愛與環境」，才能使孩子們快樂地學習成長。

啟示

- 一個老師可以學習做個和藹的「激勵大師」，而不要做嚴厲的「管教高手」。
- 對學生應該「多灑香水、少潑冷水」，「多找優點、少挑缺點」。學生的優勢能力若能被激發，他，將成為一座寶藏！
- 相互肯定、鼓勵、打氣，才能創造雙贏。

真正的成就，來自徹底的實踐！

電視是帶著插頭的毒藥？

你天天看那麼久的電視，
你還記得都演些什麼嗎？
你不記得了對不對？
現在，你把電視關掉，
出去做一件好事，
只要三分鐘，你將會一輩子都記得！

在美國，有個金髮男孩名叫傑克，他很喜歡看電視，每天都在電視機前看卡通、連續劇、綜藝節目……他每天從放學回家，就一直看電視，連吃飯時也是邊看電視邊吃飯；做功課時，也是邊看電視邊寫功課……

而傑克的爸爸媽媽以及老師，常叫他少看電視，但他屢勸不聽，所以傑克的眼睛就「近視」了，也戴著近視眼鏡。

有一個星期六上午，學校不上課，傑克從起床開始，又一直看著卡通影片；他爸爸走過來，很生氣地「啪」一聲，把電視機關了！然後很大聲地問傑克：

「你這麼愛看電視，好，那你告訴我，今天早上，你看那麼久的電視，電視裡都演些什麼內容，你全部寫下來，告訴我！」

傑克一聽，傻了眼：「我……我怎麼記得電視裡都演些什麼內容？」

「對，你不記得了對不對！那昨天晚上、前天晚上……你看那麼久的電視，你還記得演什麼嗎？」爸爸再問傑克。

「我……我不記得了。」

「對，你天天看電視，但電視裡演什麼，你全部都忘了！現在，你把電視關掉，出去做一件好事，只要三分鐘，你將會一輩子都記得！」

「爸爸，你叫我出去做什麼事啊？」傑克好奇地問。

「你現在拿一把鏟子，到對面老太太家，把她家門口的積雪清理乾淨。」爸爸對傑克說道：「你記不記得我們對門那位老太太，她孤零零地一個人住，沒有人幫她清理門前的雪；她每天十點半，都會走出門，到公車站牌前，搭公車到超市買東西。可是，你看，今天積雪這麼多，她的門都快打不開了，你願不願意去幫老太太，把門前的雪清理乾淨？」

傑克一聽，就拿起鏟子，到老太太家門口，清除積雪。三分鐘，沒費很大的力氣，就清除完畢。

回到家，爸爸叫傑克趴在窗台上看。

「爸爸，你叫我看什麼？」傑克問。

「噓……你不要講話，你仔細看！」爸爸說。

此時，約十點半，老太太拎著手提袋、打開門；她的臉顯得十分驚訝：「咦？下了一晚的雪，四周都是積雪，怎麼只有我家門口沒有積雪，是鏟除過、乾淨的？而且，腳踩在地上，不再冰冷、難走！」

老太太一臉不解、疑惑，但她也愉快地笑了！

當我在課堂上講完這個故事，我問小朋友：「如果你是傑克，你看到老太太開心地笑了，妳要不要趕快跑過去告訴她——妳家門口的雪，是我清除的？」

「老師，不要講、不要講……」幾乎全班小朋友都這麼說。

「為什麼呢？」

「老師，因為我們『為善不欲人知』嘛！而且，看到老太太快樂的笑容，我們就很滿足了！」小剛搶著回答。

「對，當我們默默行善，我們就會很快樂！可是……這傑克的故事還沒結束呢！」

「啊？還有續集啊？」「傑克後來怎麼啦？」……

「我不要一直看電視，
我可以做一些好事！」

我笑笑地說——二十年後，傑克長大了，也有一個「很愛看電視的兒子」，他每天吃飯、做功課時，都在看電視，所以傑克就很生氣，「啪」一聲，把電視機關掉，並大聲問他兒子：「電視裡演些什麼，你都記得嗎？你看那麼久的電視，演什麼你都不記得，對不對？現在，你出去做一件好事，三分鐘，保證你一輩子都會記得！因為，二十年前，你爺爺叫我做了一件事，而我，一輩子都深深印記在心裡……」

戴老師小講台

有人說：「3C產品是帶著插頭的毒藥。」的確，許多孩子放了學、回到家，就盯著手機或電腦看，彷彿「他們才是吾家之主」一般。

不過，也有些家長看到3C產品的弊端，所以就嚴格控管小孩使用時間，讓孩子有更多時間聽優質的音樂、看文學名著、學外國語言……**假如孩子一天多出兩小時浸淫在文學、藝術、外語訓練中，累積二十年，就比別人多出一萬五千個小時啊！**

所以，台大外文系有一譚姓學生，從小家中就沒電視，也沒出過國，但在父母長期培養下，他卻說得一口流利英語，也翻譯過三本英文書，共三十萬字。

當然，使用3C產品也不是不好，只是注意力總是在螢幕上，而非親子彼此的心靈交流；假若花太多時間，就會減少學習成長與親子互動的時光。

因此，父母要替孩子安排做有意義的事，因為，除了上網、打線上遊戲……之外，還有許多休閒、遊樂、助人、運動、閱讀……的「多重替代方案」；只要讓孩子有所選擇，3C產品就不會成為「唯一選擇」。

◎

其實，一直使用3C產品，還有些壞處，不僅影響視力、健康，還容易「令人懈怠」。若長時間中了3C產品的毒，人就缺乏積極進取的精神；因為，如果讓科技產品佔據了大部分的心，人就會變得優哉游哉、敷衍度日。

古代聖哲曾說一故事——喜瑪拉雅山的夜裡很冷，有一種寒苦鳥在山中很難挨其苦，所以雌鳥整晚就哀鳴地叫：「寒苦必死、寒苦必死……」而雄鳥則整晚回應：「明起造巢、明起造巢……」

可是，黑夜過去，陽光來臨，寒苦鳥就開懷玩樂，也把該造巢的事忘記了。入夜後，又是非常寒冷，牠們又淒苦地唱起「寒苦必死……明起造巢……」的悲歌；天亮後，卻又不變如昔、反覆至死。唉……

啟示

- 迷看電視的毒、迷打電玩的毒、天天上網聊天的毒、懶散不努力的毒……是不是侵入我們的心？看到寒苦鳥之愚，我們必須趕快構築「心巢」呀！
- 「行動是最好的開始！」「真正的成就，來自徹底實踐！」每個孩子都可能被薰陶，而成為一個表現非凡的「奇幻少年」啊！

愛の
留言板

國家圖書館出版品預行編目資料

新・愛的教育：一篇篇感動人心的真實故事，帶你看見 ── 愛如何讓生命發光！ / 戴晨志著 . -- 初版 . -- 臺中市 : 晨星 , 2018.02
面；公分 . ──（戴晨志；07）

ISBN 978-986-443-392-6（平裝）

1. 師生關係　2. 兒童教育

521　　106023572

新・愛的教育

戴晨志 07

一篇篇感動人心的真實故事，
帶你看見 ── 愛如何讓生命發光！

作者　戴晨志
故事提供　倪美英
責任編輯　王韻絜
校對　戴晨志、王韻絜
插畫　幾米
版型封面設計　陳嘉吟
美術編輯　張蘊方

創辦人　陳銘民
發行所　晨星出版有限公司
台中市 407 工業區 30 路 1 號
TEL：04-23595820　FAX：04-23550581
E-mail：service@morningstar.com.tw
行政院新聞局局版台業字第 2500 號
法律顧問　陳思成律師
初版　西元 2018 年 02 月 20 日

總經銷　知己圖書股份有限公司
106 台北市大安區辛亥路一段 30 號 9 樓
TEL：02-23672044 / 23672047　FAX：02-23635741
407 台中市西屯區工業三十路 1 號 1 樓
TEL：04-23595819　FAX：04-23595493
E-mail：service@morningstar.com.tw
網路書店 http://www.morningstar.com.tw
讀者專線　04-23595819#230
郵政劃撥　15060393（知己圖書股份有限公司）
印刷　上好印刷股份有限公司

定價 300 元
ISBN 978-986-443-392-6
Published by Morning Star Publishing Inc.
Printed in Taiwan